PAUL DESCHANEL

VICE-PRÉSIDENT
DE LA CHAMBRE DES DÉPUTÉS

LA RÉPUBLIQUE

NOUVELLE

PARIS

CALMANN LEVY, ÉDITEUR

3, RUE AUBER, 3

1898

LA
RÉPUBLIQUE NOUVELLE

DU MÊME AUTEUR :

IMPRIMERIE CHAIX, RUE BERGÈRE, 20, PARIS. — 12844-6-98. — (Encre Lorilleux).

PAUL DESCHANEL

—

LA RÉPUBLIQUE
NOUVELLE

TROISIÈME ÉDITION

PARIS
CALMANN LÉVY, ÉDITEUR
3, RUE AUBER, 3
—
1898

Nous datons, moralement, de 1870. C'est là notre raison de vivre, de croire et d'agir. C'est pour cela que nous sommes entrés dans la vie publique. Le spectacle des querelles électorales et parlementaires serait souvent déprimant, si l'on n'était pas soutenu par un haut idéal patriotique.

Après nos désastres, la première tâche à remplir était de faire un gouvernement. Les tentatives de restauration monarchique ayant échoué et trois prétendants se disputant un trône disparu, la République était la seule forme de gouvernement possible.

Cependant la lutte contre les anciens partis dura encore vingt ans. Tant que la moitié de la France restait attachée à la monarchie, ou du moins votait pour des monarchistes, (de 1885 à 1889 encore, deux cents députés monarchistes représentaient 3 500 000 électeurs), il ne pouvait pas y avoir un gouvernement au sens véritable du terme. La France était partagée entre deux coalitions : d'un côté, légitimistes, orléanistes et impérialistes ; de l'autre, républicains conservateurs, progressistes et radicaux, d'accord sur le principe républicain, mais profondément divisés sur la manière d'organiser la République ; (les uns partisans d'une Assemblée unique, les autres de deux Chambres ; les uns partisans de l'application, les autres de la suppression du Concordat, etc., etc.). Il n'y avait donc, il ne pouvait y avoir à proprement parler, qu'un parti vainqueur, luttant pour le triomphe définitif du principe républicain, et avant tout préoccupé de mettre l'adversaire dans l'impossibilité de se relever. Le 24 mai, le 16 mai, le boulangisme, furent les principaux épisodes de cette lutte du principe républicain contre le principe monarchique ou contre le césarisme.

Avec la disparition des anciens partis, le problème change. Suivant quels principes, suivant quel esprit la République sera-t-elle organisée et gouvernée ?

Il ne suffit pas de dire : « Ni révolution, ni réaction. » Entre ces deux négations, il y a place pour bien des systèmes. Nous ne voulons ni d'une République collectiviste ni d'une République ultramontaine, c'est entendu ; mais cela ne résout rien, ni pour définir la constitution du gouvernement, ni pour marquer les rapports des pouvoirs entre eux.

Si les solutions de l'ancien libéralisme, qui correspondait aux conditions du régime censitaire, sont insuffisantes pour la démocratie et le suffrage universel, d'autre part, la décadence des idées radicales n'est pas moins frappante. Il n'est pas une de leurs maximes que les radicaux, depuis un quart de siècle, n'aient éliminée du domaine de la pratique. Ils ne subsistent comme parti qu'en désertant d'étape en étape leur passé et leur doctrine. C'est à ce point que, à la veille du scrutin du 8 mai, un grand nombre d'entre eux ont abandonné leur programme et leurs couleurs pour prendre les nôtres : ainsi, par exemple, en ce qui concerne cette grave question de l'impôt sur le revenu, par laquelle, depuis cinq ans, ils avaient profondément divisé le parti républicain et agité le pays, ils ont répudié au dernier moment le système de *la déclaration du revenu global*, qu'ils avaient toujours soutenu contre nous, pour adopter le système des *signes*

b.

extérieurs, c'est-à-dire la doctrine de la Révolution française, que nous n'avions cessé de défendre contre eux ; et par là, ils ont rendu un involontaire hommage à nos principes.

Or, on peut leur prédire la même aventure pour la revision de la Constitution. Ou bien ils seront obligés de renoncer à cette conception anti-scientifique qui consiste à annihiler le contrôle du Sénat et par conséquent à paralyser encore un peu plus l'exécutif, ou bien ils seront amenés par la logique des choses à comprendre la réforme du Sénat dans une opération bien autrement vaste : une refonte générale de nos institutions.

Si, décidément, il n'y a pas dans le monde politique assez de lumières, assez de courage et, selon le mot de Montesquieu, assez de « vertu », pour tirer de la Constitution actuelle toutes les forces qu'elle recèle, un jour viendra où nous serons obligés de la récrire pour remettre en action des rouages faussés ou rouillés, — à peu près de même qu'il nous faut reviser le règlement de la Chambre, non parce qu'il est mauvais en lui-même, mais parce qu'il a été faussé par l'usage.

Pour éviter l'absorption du Parlement par

l'exécutif, on est tombé dans l'excès inverse :
l'absorption du gouvernement par une assemblée.
Est-ce un gouvernement, qu'un Directoire sans
cesse révocable et souvent hétérogène? Sans l'institution présidentielle, placée à l'abri des crises
parlementaires et des luttes des partis, la France
serait encore isolée en Europe ; sans la Présidence
et le Sénat, la République serait tombée depuis
longtemps dans le Bas-Empire. Or, ce sont précisément ces organes nécessaires de la souveraineté
nationale, que certaine École républicaine s'acharne
à diminuer ou à détruire. Et le malheur est que
ces républicains trouvent pour complices jusque
dans nos rangs tous les esprits vagues, tous les
caractères indécis, toutes les ambitions vulgaires.

Certes, c'est une tâche ingrate, de défendre
les maximes éternelles de la raison et de la
science politique, proclamées par les plus grands
esprits de tous les temps, contre les idées sim-
plistes et les instincts élémentaires des générations survenantes, qui, toujours, apportent la
même ignorance du passé, les mêmes illusions,
les mêmes erreurs, contre les sophistes qui les
exploitent, et aussi contre le goût inné de l'esprit français pour la logique pure.

N'importe! à travers les vieilles formules, à

travers les vieux cadres qui tombent en poussière, nous continuerons de marcher dans notre voie droite, nous poursuivrons notre œuvre de réparation, les yeux fixés sur l'image de la patrie mutilée. Tout le monde sent que le *statu quo* est impossible. Soit par l'ensemble de réformes profondes indiquées dans ce livre, soit un jour, si l'on nous accule à cette extrémité, par une réforme des institutions elles-mêmes, la génération qui est née à la vie de l'esprit dans la guerre étrangère et dans la guerre civile réalisera le serment qu'elle s'est fait alors, de donner à la France, au dedans plus de justice, au dehors un retour de puissance et de gloire par la revanche du Droit.

15 mai 1898.

LA RÉPUBLIQUE NOUVELLE

LA CONSTITUTION

Août 1889[1].

Les élections générales se feront sur la revision. Nous voudrions, à la veille de cette lutte, examiner la question en elle-même, abstraction faite des partis, de leurs intérêts, de leurs préjugés, de leurs passions. Certes nous ne prétendons pas enfermer l'avenir de la démocratie française dans les cadres actuels; mais encore faut-il, avant de démolir la maison, voir ce qu'on entend mettre à la place.

Sur le mal, tout le monde est d'accord : nous souffrons du grand mal des démocraties, l'instabilité; nous nous trouvons aux prises avec la grosse difficulté des systèmes fondés exclusivement

1. Du *Journal des Debats*, à la veille des élections générales de 1889, et après la crise boulangiste.

sur l'élection, à savoir : la constitution du pouvoir exécutif. Depuis le vote de la Constitution, en quatorze ans, nous avons eu vingt ministères, plus de deux cents ministres; voilà la plaie qu'il faut guérir.

La plus sérieuse, la plus puissante objection des adversaires de la Constitution actuelle est celle-ci : « Le régime parlementaire ne va pas sans le dualisme des partis; ce dualisme n'est possible que dans une société aristocratique ou censitaire : donc il y a incompatibilité entre le suffrage universel et le gouvernement parlementaire, entre la démocratie et la responsabilité ministérielle ». Voilà le problème.

On nous propose trois solutions : la revision monarchique; la revision radicale; la revision américaine.

Il est évident que le système monarchique ne répond qu'imparfaitement à l'objection, et laisse subsister le problème de la coexistence du suffrage universel et de la responsabilité des ministres.

Il n'est pas moins évident que le système radical, en supprimant ou en mutilant la Présidence et le Sénat, aggraverait le mal : la continuelle mobilité d'une Assemblée omnipotente engendrerait, selon l'usage, l'anarchie, puis le despotisme.

Reste le troisième système, celui des États-Unis d'Amérique, c'est-à-dire la substitution du gouvernement présidentiel au gouvernement parlementaire, les ministres hors des Chambres et ne relevant que du Président, qui lui-même ne relève des Chambres qu'en cas de crime.

Il n'est pas étonnant que ce système ait séduit chez nous quelques esprits : d'abord, il a le mérite d'avoir résolu en partie le problème de l'autre côté de l'Océan; puis, il a pour les Français le prestige de la nouveauté, étant à peu près le seul qu'ils n'aient pas essayé depuis un siècle; enfin, l'Amérique du Nord est, avec la France, le pays du monde où la démocratie est le plus triomphante, et, si la démocratie américaine n'a réussi qu'imparfaitement à s'organiser, elle offre du moins d'utiles enseignements à ceux qui veulent résoudre le même problème. Ce système vaut donc la peine qu'on s'y arrête. Que pourrions-nous y emprunter?

I

Serait-ce la Présidence?

On se fait, en général, du Président américain

une idée fort inexacte : on ne regarde que ses pouvoirs, qui sont considérables ; on ne fait pas attention que ces pouvoirs ne s'appliquent qu'à des objets très peu nombreux et relativement petits. En effet, les Américains font eux-mêmes leurs affaires, en dehors du gouvernement fédéral, soit dans leur commune, soit dans leur État. La force réelle réside dans les gouvernements des États ; ce sont eux qui dirigent la société américaine, comme notre gouvernement national dirige la société française. Que reste-t-il donc au gouvernement fédéral? Seulement ce que les États ne pouvaient pas faire eux-mêmes : les choses du dehors, les affaires militaires et diplomatiques, et les douanes. De sorte que l'Union ne forme un peuple que relativement à ces objets ; pour tous les autres, elle n'est rien. C'est une abstraction, un être de raison. Son gouvernement n'est pas en contact avec le pays, il n'a aucune prise sur les citoyens, il n'agit qu'au dehors.

Il n'y a point de ministères des cultes, de l'instruction publique, du commerce, de l'agriculture, des travaux publics. Le ministère de l'intérieur est un simple bureau pour les brevets, les droits d'auteur, les affaires indiennes, la vente des terres, la publication des documents officiels. Administration provinciale et municipale, justice, éducation, religion, tout cela échappe à l'action du gouvernement.

Ainsi, la part de souveraineté que se sont réservée les États est considérable ; la part d'autorité qu'ils ont laissée à l'Union est très restreinte ; et le pouvoir exécutif de l'Union est borné, exceptionnel, comme la souveraineté au nom de laquelle il agit.

Si le gouvernement de l'Union est limité par les lois, il ne l'est pas moins par les mœurs, par les habitudes et le goût d'indépendance locale, provinciale : dans la lutte continuelle entre l'Union et les États, qui forme le fond de la vie politique américaine, ce sont toujours les États qui ont le dernier mot ; qu'il s'agisse des travaux publics, des relations avec les Indiens, de la vente des terres, de la question monétaire ou des tarifs, l'Union ne cesse de reculer devant les États ; et, si quelque chose menace l'avenir de l'Amérique du Nord, c'est la rupture du lien fédéral.

Ainsi, le pouvoir exécutif de l'Union est resserré de toutes parts ; et c'est en ce sens que l'auteur de *la Démocratie en Amérique* a pu parler à diverses reprises de la « faiblesse » de ce pouvoir. « L'Union, dit-il, est une grande république quant à l'étendue ; mais on pourrait en quelque sorte l'assimiler à une petite république, à cause du peu d'objets dont s'occupe son gouvernement. Ses actes sont importants, mais ils sont rares. Comme la souveraineté de l'Union est gênée et incomplète, l'usage de cette souveraineté n'est point dangereux pour la liberté. »

Et, au lieu de voir dans ce fait, que le Président et ses ministres peuvent rester aux affaires même s'ils ne sont plus d'accord avec le Parlement, une preuve de force, il y voit au contraire une marque d'impuissance : c'est parce qu'ils se meuvent dans un cercle étroit qu'ils peuvent, sans grand inconvénient, rester en lutte ouverte avec l'opinion publique et les Chambres pendant la courte durée de la magistrature présidentielle ; on sait que cela ne tire pas à conséquence ; ils ne peuvent pas grand'chose.

Et maintenant prenez cet exécutif américain, — ce Président, responsable, seulement en cas de crime ou de trahison, devant le Parlement, ces ministres, responsables devant lui seul et soustraits au contrôle des représentants du peuple, — et essayez de transplanter cet exécutif dans notre pays : exposer les conditions de l'Exécutif fédéral américain, n'est-ce pas montrer du même coup qu'il n'existe aucune espèce d'analogie entre le gouvernement des États-Unis et le nôtre, et que la Constitution américaine est étroitement liée à la société américaine ?

Tandis qu'en Amérique les lois, les mœurs et la nature conspirent à restreindre la puissance exécutive de l'Union et à rendre inoffensif le pouvoir personnel du Président, en France, au contraire, les lois, les mœurs et la nature conspirent à étendre sans cesse, à pousser au maximum la puissance du gouvernement central. Là-bas, la souveraineté est divisée à l'infini ; la force des gouvernements locaux et des courants d'opinion vient se briser contre mille corps intermédiaires qui garantissent la liberté et préservent le pays des révolutions et des coups d'État ; ici, la souveraineté est une, compacte ; le pouvoir qui agit en son nom s'étend à tout, et, dépassant ses limites normales, pénètre de cent manières dans la gestion des intérêts privés ; toutes les parties du pays sont accoutumées à obéir aux mêmes lois ; chaque citoyen, isolé, ne peut opposer que sa faiblesse individuelle à la force irrésistible du gouvernement ; la France, organisée en l'an VIII pour le pouvoir absolu d'un homme, est demeurée telle, ou à peu près, et n'a de république que le nom ; ou du moins c'est une république entravée d'institutions césariennes. Essayez donc de greffer sur un pays ainsi fait un Président à l'américaine, c'est-à-dire la créature, l'agent d'un parti vainqueur, doublé de ministres libres d'abuser de leurs droits pendant quatre ans, sans autre recours des représentants du pays que la mise en accusation du Président devant le Sénat (seulement en cas de crime) ; imaginez la nation, le Parlement désarmés en présence des actes arbitraires ou de la politique imprudente de ces commis échappant à tout contrôle et abrités derrière le pouvoir personnel du Président ; enfin celui-ci maître absolu de la politique extérieure, de l'armée, et de cette autre armée, l'administration : en vérité, ne serait-ce pas là un despotisme intolérable ?

De plus, un Président indépendant des Chambres ne peut être élu par elles ; et, en effet, les partisans du système américain veulent rendre l'élection du Président au suffrage universel [1].

Nous dirons aussi quelques mots sur ce point, et le remarquable ouvrage de M. le duc de

______

1. Voir *la Revision*, par M. Andrieux.

Noailles, *Cent Ans de république aux États-Unis*, pourra nous donner ici des lumières nouvelles. Ce livre est le complément, le correctif nécessaire de ceux de Tocqueville et de Laboulaye, et nous verrons le chemin que les Américains ont parcouru depuis lors.

II

Nous venons de voir pourquoi les attributions du Président américain ne sauraient être imitées en France. Nous allons voir pourquoi le mode de nomination de ce magistrat ne saurait l'être davantage.

Les Constituants de 1787 ne voulurent confier l'élection du Président ni au peuple (comme chez nous en 1848), ni aux Chambres (comme chez nous aujourd'hui) : au peuple, parce que l'élu de la nation entière eût dominé les Assemblées et pu menacer les libertés publiques (c'est ce qui nous est arrivé); aux Chambres, parce que l'exécutif eût été subordonné au législatif, et que le Président, vassal du Congrès, n'aurait eu ni l'indépendance ni l'autorité nécessaires (c'est ce qui nous arrive). Ils adoptèrent un système mixte : la Constitution porte que le Président est élu par un vote à deux degrés ; les citoyens qui possèdent le droit de suffrage dans leur État respectif nomment des délégués, lesquels nomment le Président ; chaque État élit autant de délégués spéciaux qu'il envoie de représentants et de sénateurs au Congrès fédéral. Tel est le mécanisme officiel.

Mais, nulle part, la Constitution n'a été plus faussée dans la pratique que sur ce point.

Dès les premiers scrutins présidentiels, les délégués du second degré, au lieu de faire un libre choix, reçurent un mandat impératif, leur désignant à l'avance celui qu'ils devaient nommer : c'était, en fait, le suffrage direct, le plébiscite.

Tant que les États-Unis comptèrent seulement quelque cent mille électeurs de race anglo-saxonne, tant que les noms illustres des héros de la guerre de l'Indépendance s'imposèrent pour la magistrature suprême, cette violation flagrante de l'esprit de la loi n'eut pas grand inconvénient. Mais, à mesure que le territoire grandit, que la population se multiplia par l'immigration étrangère, que les grands hommes de la période

héroïque disparurent, il se forma une classe de
politiciens qui prirent la direction des masses
hétérogènes et dispersées. Alors furent inventées
la discipline rigoureuse, l'organisation irrésistible
des *caucus*, sorte de conciliabules où les membres
du Congrès et les hommes les plus militants du
parti désignaient leur candidat à la Présidence ;
il était entendu que le citoyen proclamé dans ces
réunions préparatoires, n'importe par quel procédé, devenait le candidat de tout le parti et, par
suite, en cas de victoire, le Président des États-
Unis d'Amérique.

Lorsque, plus tard, on secoua le joug des
caucus, on ne revint pas pour cela à la vérité
constitutionnelle : ces conciliabules furent rem-
placés par les *conventions*, assemblées extra-légales,
composées de délégations spontanées des États,
menées par les comités dirigeants et par les
politiciens les plus actifs ; ce sont elles aujour-
d'hui qui désignent le candidat à la Présidence.
De sorte que, derrière le décor officiel des collèges
légaux, qui se contentent d'obéir au mot d'ordre,
ces collèges irréguliers, extra-légaux, irresponsables, font tout, et sont les maîtres.

Voici ce que dit sur ce point le grand juris-
consulte Benton dans ses Mémoires :

« Parmi les nombreuses erreurs des écrivains d'Europe à notre sujet, il faut relever surtout celle-ci : MM. Thiers, de Tocqueville et d'autres, confondant la théorie et la pratique de nos institutions, admettent que l'autorité électorale, indépendante et absolue, appartient aux collèges spéciaux, conformément à l'intention avérée des Constituants, et se répandent en éloges sur cette combinaison ingénieuse... Personne chez nous n'est dupe d'une semblable méprise... Les délégués secondaires n'ont aucune influence réelle sur le choix du Président et n'en ont jamais eu. Dès le début, il leur a été enjoint de voter pour les candidats désignés, soit par la volonté générale dans les premiers temps, soit, depuis, par les *caucus*, soit, de nos jours, par les *conventions*, que celles-ci expriment ou non le vœu populaire. Le collège électoral a toujours été tenu d'exécuter un mandat impératif bien déterminé. La moindre infraction à l'ordre donné serait punie par toute l'infamie et tous les châtiments que pourrait infliger l'indignation publique. »

Ainsi, en ce qui concerne l'élection à la Présidence, l'œuvre des Constituants de 1787 a été réduite à néant, d'abord par le mandat impératif, ensuite par les *caucus*, enfin par les *conventions*;

le système a avorté, et le *New-York Herald* a pu
dire : « L'absurdité manifeste de ce système a
été constatée depuis longtemps par les hommes
d'État les plus éminents. » Il est à peine besoin
de faire remarquer que les mêmes influences
irrégulières agiraient sur le suffrage direct : le
peuple, votant directement, ne choisirait pas
davantage.

L'élection à deux degrés, qui, pour la nomination du Président, produit les déplorables
résultats qu'on vient de voir, en produit, au
contraire, de très heureux pour le recrutement
de ce Sénat fédéral qui est la meilleure des
institutions américaines et le salut de la République. D'où vient cette différence ? C'est que,
dans les scrutins pour la Présidence, les collèges
secondaires sont élus spécialement pour ce seul
objet : ils n'existaient pas la veille, ils n'existent
plus le lendemain du vote ; au lieu que, pour
l'élection des sénateurs, ce sont les diverses
législatures locales, les représentants des États
particuliers, investis d'une mission législative
plus ou moins longue, qui se transforment, par
exception seulement, en électeurs sénatoriaux
(comme, chez nous, les députés, les conseillers
généraux et d'arrondissement, et les délégués des

conseils municipaux, qui élisent nos sénateurs).
La nomination n'est plus faite à l'avance ; il ne
s'agit plus de répéter comme un téléphone le
nom dicté. Stuart Mill a très clairement fait cette
distinction dans son livre sur *le Gouvernement
représentatif*. Il est évident que le suffrage à deux
degrés, le *suffrage filtré*, ne garde sa vertu que si
l'électeur choisit lui-même librement. N'y a-t-il
pas là de quoi faire réfléchir les hommes politiques qui, chez nous, voudraient, pour l'élection
des sénateurs, substituer à la méthode actuelle
le vote par le suffrage universel à deux degrés ?

Reste la durée du mandat présidentiel. Si l'on
essayait d'acclimater en France la Présidence
américaine, la durée de ce mandat, chargé,
comme nous l'avons fait voir précédemment,
d'attributions beaucoup plus vastes, ne pourrait
raisonnablement être plus longue. Or, aux États-
Unis, chaque scrutin quatriennal ramène un
véritable interrègne qui se prolonge pendant
plusieurs mois. Toutes les affaires, soit intérieures,
soit extérieures, sont en souffrance pendant cette
crise. « Aucun Président, disait M. Hayes, ne
saurait remplir utilement sa mission, lorsqu'il se
voit entravé sans cesse par la préoccupation de
recruter des partisans pour une seconde élection. »

« On reproche aux monarchies d'Europe leurs guerres dynastiques, dit M. de Noailles ; la république américaine a eu ses guerres présidentielles. L'adhésion de Madison à la politique belliqueuse contre l'Angleterre en 1812 devint la condition forcée de sa réélection à la Présidence. Plus tard, la guerre avec le Mexique fut surnommée la guerre de Tyler. L'extrême raideur dont M. Cleveland fit parade au sujet des pêcheries du Canada et d'un incident diplomatique tout personnel ne laissa pas que de compromettre imprudemment les bons rapports entre la Grande-Bretagne et les États-Unis ; le scrutin de 1888 approchait : il fallait flatter l'amour-propre national. »

Et qu'est-ce que les guerres des États-Unis auprès des nôtres ?

Concluons donc que, ni au point de vue des attributions, ni au point de vue du mode de nomination, ni au point de vue de la durée, la Présidence américaine ne pourrait être acclimatée en France.

Avant de toucher à notre Constitution, nous pourrions au moins l'appliquer ; ne confère-t-elle pas au Président des pouvoirs considérables, — et oubliés ?

On reproche à l'institution présidentielle, tantôt d'être dangereuse, tantôt d'être inutile. Nous pensons, nous, qu'elle est à la fois inutile et nuisible si elle ne fonctionne pas : car en matière constitutionnelle comme en mécanique, tout ce qui n'est pas moyen est obstacle.

Lisons en effet la Constitution :

Le Président choisit les ministres et les préside. Il peut les prendre dans les Chambres ou hors des Chambres. Il participe à la confection des lois. Il a le droit de message et le droit de *veto* suspensif, un *veto* suspensif moins fort que celui du Président américain, qui en fait avec tant de succès un usage si fréquent, puisqu'aux États-Unis il faut, à la seconde délibération, une majorité des deux tiers, tandis que chez nous la simple majorité suffirait. Il peut ajourner les Chambres pour un mois, deux fois dans la même session. Il peut, sur l'avis conforme du Sénat, dissoudre la Chambre des députés. Ce droit devient même un devoir lorsqu'une Chambre sans majorité est impuissante à faire vivre un gouvernement. Si l'on avait dissous la Chambre de 1885, nous n'aurions pas eu le boulangisme. Mais il faut ajouter que la dissolution n'est utile que si, comme en Angleterre, le premier ministre fait voter le pays sur un certain nombre de questions précises, sur un programme déterminé, et si les électeurs aperçoivent clairement, d'un côté les partisans, et de l'autre les adversaires du Cabinet. C'est ce que nous n'avons jamais vu en France, où l'on vote dans l'obscurité, dans l'équivoque, et où, par un étrange paradoxe, les influences administratives sont trop souvent tournées au profit de l'opposition.

Enfin, le Président a le droit de conclure des traités politiques d'alliance sans le concours des Chambres (article 8 de la loi du 16 juillet 1875), et il faut bien qu'il en soit ainsi, car, sans le secret, point de diplomatie. (Voir, là-dessus, pour ceux qui seraient tentés de crier au pouvoir personnel, le message de Washington en date du 30 mars 1796, et le discours de M. Gladstone à la Chambre des communes, le 15 février 1873.)

C'est donc une hérésie constitutionnelle de considérer la Présidence de la République comme un rouage inerte.

Un chef élu ne peut être, comme un prince héréditaire, l'arbitre impassible des partis ; cette conception est contraire au texte et à l'esprit de notre Constitution.

On comprend à la rigueur que, de 1879 à 1889,
alors qu'il y avait sur les bancs de la Chambre
une puissante opposition monarchique, le Président de la République soit resté simplement la
personnification et comme le factionnaire de ce
qu'on appelait la concentration républicaine.
Mais aujourd'hui cette politique devient un anachronisme.

Ah! sans doute, ce n'est pas ainsi que l'entend
l'opposition radicale-socialiste! Mais il est peut-
être un peu naïf de prendre pour juges de l'application d'une Constitution ceux qui n'en veulent
pas! A en croire nos néo-jacobins, gouverner à
la manière d'un premier ministre anglais, c'est
rétablir la dictature. De même que proposer de
fixer un jour par semaine pour les interpellations,
comme à la Chambre des communes, c'est porter
atteinte à la liberté de discussion et au droit des
minorités.

Ils ne voient pas que, en affaiblissant le pouvoir exécutif, en livrant le pays à l'omnipotence
et à l'anarchie parlementaire, ils risquent précisément de le rejeter tout de bon dans le césarisme. Un exécutif trop faible peut être aussi
dangereux qu'un exécutif trop fort. La liberté est
incompatible avec un gouvernement faible.

Le remède est dans nos lois, à portée de notre
main ; il suffit d'un peu de sens politique et de
courage.

III

Nous avons expliqué pourquoi il nous paraît
impossible de constituer la Présidence de la République en France de la même manière qu'aux
États-Unis. Passons maintenant au ministère.
Pourrions-nous le constituer à la façon américaine, c'est-à-dire supprimer la responsabilité des
ministres, n'ayant plus accès dans les Chambres
et ne relevant que du Président ?

Les partisans de cette réforme invoquent à
l'appui de leur thèse le principe de la séparation des pouvoirs, formulé par Montesquieu et
inscrit dans la Déclaration des Droits de l'homme.

Notre Constitution, disent-ils, est en opposition formelle avec le droit public de la Révolution
française ; elle viole les traditions, les principes
de la république. Le système parlementaire a été
importé en France par Louis XVIII, qui s'était

épris en Angleterre des institutions de ce pays. C'est
un système essentiellement aristocratique, qui,
par ses origines et par sa nature, est incompatible avec la démocratie : il n'est praticable que
si les partis se réduisent à deux; et comment
ranger sous ce dualisme les mille éléments du
suffrage universel ? Aussi le régime parlementaire devient-il plus difficile, même dans les monarchies, à mesure que le suffrage s'étend. Jamais
il n'a fonctionné dans une république, excepté
en Espagne, sous Pavia. « Placer dans une même
Constitution la république, le parlementarisme
et le suffrage universel, dit M. Andrieux [1], ce
n'est plus seulement prendre les garanties nécessaires contre le despotisme, c'est multiplier à
l'excès les causes d'instabilité, c'est affaiblir le
pouvoir exécutif au point de préparer l'anarchie ;
c'est, dans tous les cas, rompre, au profit de la
Chambre issue du suffrage universel, cet ingénieux équilibre qui est la condition vitale du
régime parlementaire. »

Telle est la thèse des partisans du gouvernement *représentatif* américain, par opposition au
gouvernement *parlementaire* britannique.

1. Proposition de révision, exposé des motifs, 16 novembre
1882.

Il convient tout d'abord de faire ici une distinction : séparation des pouvoirs signifie, non pas *isolement*, mais *indépendance* des pouvoirs. Montesquieu avait établi son principe sur l'exemple de l'Angleterre, et justement il n'est pas de pays où les divers pouvoirs soient plus enchevêtrés, aient plus de prise les uns sur les autres. L'esprit logicien de la France a essayé plusieurs fois d'appliquer dans toute sa rigueur, de pousser à ses conséquences extrêmes le principe de la séparation des pouvoirs : par exemple en 1791, puis sous le premier et le second Empire.

La Constitution de 1791 isolait complètement les pouvoirs : l'Assemblée avait la pleine autorité législative ; le roi n'avait qu'un veto suspensif ; les membres de l'Assemblée ne pouvaient être ministres ; les ministres ne pouvaient venir dans l'Assemblée pour y être entendus sur les objets relatifs à leur administration. Quand l'Assemblée n'était pas satisfaite de leur gestion, elle faisait parvenir au roi une Adresse pour demander leur renvoi ; si le roi refusait, l'Assemblée n'avait d'autre moyen que de les mettre en accusation. Voilà où mène la séparation absolue des pouvoirs ; voilà les résultats de ce droit public révolutionnaire qui a abouti à la Convention, et qu'on nous propose aujourd'hui comme modèle !

Sous le premier Empire, et sous le second en vertu de la Constitution de 1852, le pouvoir exécutif était aussi tout à fait indépendant du pouvoir législatif ; les ministres étaient hors des Chambres : la théorie était parfaitement observée ; seulement, au lieu de la liberté, on avait le despotisme.

Dans le premier cas, c'est l'omnipotence d'une Assemblée ; dans le second, l'omnipotence d'un homme ; là le jacobinisme, ici le césarisme.

Il est donc impossible de donner à ce terme de *séparation des pouvoirs* un sens absolu, et il n'est pas au monde un peuple libre où l'exécutif n'ait quelque action sur le législatif et le judiciaire, et réciproquement. Ce qu'on veut dire, avec raison, c'est que la souveraineté doit rester divisée, qu'elle ne doit pas être concentrée dans une seule main ; là, en effet, est la condition première de la liberté. Mounier, à la Constituante, avait bien indiqué qu'en Angleterre les pouvoirs n'étaient pas si complètement séparés qu'on le prétendait ; il disait, par une formule élégante et subtile : « Pour que les pouvoirs restent à jamais divisés (c'est-à-dire indépendants), il ne faut pas qu'ils soient entièrement séparés. »

Laissons donc de côté l'exemple de la Révolution française, qui est, en vérité, peu encourageant à cet égard, et voyons ce qui se passe aux États-Unis.

Il n'y a, est-il besoin de le dire? aucune analogie entre la séparation des pouvoirs, telle qu'elle résulte de la Constitution fédérale, et la séparation des pouvoirs, telle que l'avaient établie les théoriciens de la Révolution française : les fondateurs de la République américaine avaient trop de sens pratique, trop d'esprit politique, pour verser dans ces périlleuses chimères. Aux États-Unis autant et plus qu'en Angleterre, les divers pouvoirs ont prise les uns sur les autres ; seulement, il y a incompatibilité entre les fonctions de ministre et le mandat de représentant ou de sénateur ; les ministres ne vont pas aux Chambres et ne sont pas responsables devant elles : c'est cela que quelques Français voudraient imiter chez nous.

Or, qu'est-il arrivé aux États-Unis? Comme il est inévitable que l'exécutif communique avec le Parlement de façon ou d'autre pour la préparation des lois, il s'est formé, dans chacune des deux Chambres, des comités permanents qui, peu à peu, se sont emparés de tout le pouvoir législatif; il n'y a là ni publicité ni contrôle : les comités, qui font tout, le font à huis clos, en secret, à l'insu du public et même de la Chambre, et échappent à toute responsabilité. Il faut suivre le détail de ce mécanisme extraordinaire, compliqué, encore très peu connu, même en Amérique, soit dans le livre de M. Woodrow Wilson, *Congressional Government*, soit dans l'étude de M. Hoar, sénateur du Massachusetts, soit enfin dans l'admirable ouvrage en trois volumes de M. James Bryce, membre du Parlement anglais, *the American Commonwealth* : c'est ce qu'on a publié de plus complet sur les États-Unis depuis Tocqueville. On y verra comment la plupart des projets de loi envoyés à ces comités n'en reviennent pas, parce que les comités et leurs présidents ne retiennent que ceux qui les intéressent, et comment la Chambre se borne à enregistrer les résolutions de ces comités.

Les ministres sont obligés de se concerter avec les présidents des comités pour introduire devant le Parlement les bills qui émanent de l'initiative gouvernementale et pour en suivre la discussion. Ce sont les présidents des comités qui sont, en fait, les véritables ministres ; seulement, comme ils ne sont responsables ni devant les Assemblées ni devant le Président, on ne trouve personne à qui demander des comptes. « Par une conséquence imprévue, dit M. de Noailles, la suppression de la responsabilité ministérielle a entraîné l'irresponsabilité représentative. » Enfin, comme les présidents des divers comités n'ont ni homogénéité ni direction commune, ils tirent chacun en sens inverse.

Mais voici qui est encore plus étonnant. Par qui sont nommés ces comités tout-puissants et leurs présidents ? Par l'Assemblée, sans doute ? — Au Sénat, oui ; à la Chambre, non. C'est le président de la Chambre, le *speaker*, lequel n'est pas, comme chez nous, l'arbitre impartial des délibérations, lequel est, au contraire, l'agent, la créature de son parti et doit mettre tout son pouvoir au service de ce parti, c'est lui qui les nomme ! Naturellement, il les compose de manière à favoriser l'adoption des bills auxquels tiennent ses partisans. De sorte que, dans cette grande république démocratique, la direction générale du pouvoir législatif appartient à un seul homme !

Dans un livre récent, *American Diplomacy*, un ancien ministre américain, M. Schuyler, définit

de la façon suivante le gouvernement de son pays :
un despotisme absolu et irresponsable, exercé, à
l'abri des formes constitutionnelles, par six personnes : le Président de la République, le secrétaire d'État, le secrétaire du Trésor, le président
de la Chambre, et, sous ses ordres, les deux présidents des deux comités (les plus importants) des
appropriations et des voies et moyens, qu'il nomme
à sa guise.

Ce gouvernement autoritaire, occulte, dont le
fonctionnement échappe aux regards, non seulement des étrangers, mais des Américains eux-
mêmes, devait fatalement engendrer la corruption.
Ces comités tout-puissants, irresponsables, légifé-
rant en secret, peuvent, sans grand risque, se
faire les instruments de certains intérêts privés.
Les compétitions de portefeuilles sont remplacées
par les marchandages clandestins et les cupidités
personnelles des législateurs ; c'est le règne de la
coulisse parlementaire *(lobby*, couloir ; *lobbyism)*,
devant lequel le Président de la République lui-
même a dû plus d'une fois capituler. Tout le
monde connaît l'effroyable vénalité, les scandales
des législatures américaines, ces coulissiers parlementaires, ces courtiers marrons de l'un et de
l'autre sexe, qui se chargent, moyennant finance,

d'abréger les délais de la procédure législative, intermédiaires inévitables entre les Sociétés financières ou industrielles qui cherchent à obtenir quelque bill avantageux, quelque monopole, et les députés ou sénateurs qui consentent à « se laisser approcher ». C'est le résultat inévitable du système.

Aussi, depuis un quart de siècle, un mouvement d'opinion très sérieux s'est-il produit de l'autre côté de l'Océan en faveur d'un retour aux règles du gouvernement parlementaire pur.

Assurément, le système de la responsabilité ministérielle, qui a commencé à fonctionner en Angleterre au début de ce siècle, a été un excellent progrès, puisque auparavant on avait vu des souverains garder leurs ministres envers et contre tous et les imposer aux Chambres et au pays ; il n'y a de véritable gouvernement d'opinion que dans la forme parlementaire ; c'est évidemment le régime le plus libéral ; c'est, théoriquement, le mécanisme le plus souple, le plus élastique, celui qui permet le mieux de suivre la volonté populaire. Seulement, la question est de savoir si, à l'heure qu'il est, en France, on l'entend et on l'applique comme il doit être entendu et appliqué. Nous croyons que non, et nous dirons pourquoi.

IV

L'article 6 de la loi constitutionnelle du 25 février 1875 porte : « Les ministres sont *solidairement* responsables *devant les Chambres de la politique générale du gouvernement.* » Or, aucune de ces prescriptions n'est observée.

La cheville ouvrière du système parlementaire, c'est le Cabinet. Le Cabinet est un groupe d'hommes *homogène* et *solidaire :* homogène, c'est-à-dire ayant des vues identiques, un programme commun de politique intérieure et extérieure ; solidaire, c'est-à-dire qu'aucun des membres qui le composent ne peut faire partie du ministère suivant, à plus forte raison en devenir le chef. Et, en effet, s'il en est autrement, la formation de partis sérieux, sans lesquels il n'est point de régime parlementaire et libéral, devient impossible, et l'on tombe dans la politique de groupes. Si l'on appelle aux affaires les hommes marquants de chacun des groupes de la majorité, on a peut-être encore des ministres, mais, assurément, on n'a plus de ministère. Ce n'est plus un Cabinet : c'est une image, en raccourci, des divisions de la Chambre. Ce n'est plus un conseil de ministres : c'est, selon la piquante expression de M. Léon Say, un congrès d'ambassadeurs.

Mais j'entends bien que, pour faire vivre un Cabinet véritable, il faut une majorité homogène et solidaire comme lui. Et c'est ici que les adversaires de la responsabilité ministérielle nous arrêtent, et nous disent : « Cette majorité, le suffrage universel ne vous la donnera point. »

D'abord, cela n'est pas certain : on peut fort bien imaginer qu'un courant d'opinion se forme dans le pays en faveur de telle ou telle politique (à la condition, bien entendu, qu'il y ait, en temps d'élections, un gouvernement, et que ce gouvernement ait une politique). On ne peut raisonnablement argüer de l'exemple de la Chambre qui va finir [1] ; car, si l'on fût demeuré fidèle à l'esprit de la Constitution et aux véritables règles du gouvernement parlementaire, on l'eût dissoute. Nous sommes de ceux qui ont toujours conseillé cette mesure : ce ne sont assurément pas les occasions qui ont manqué : on n'a pas écouté nos avis ; l'anarchie parlementaire a failli nous jeter sous la dictature.

[1]. Celle de 1885-1889.

Mais laissons cela : c'est le passé, ce sont des questions de fait et des hypothèses ; donc matière à contestation. Admettons pour un instant, avec nos contradicteurs, qu'en effet le suffrage universel soit à jamais incapable d'engendrer une majorité de gouvernement et doive, à perpétuité, envoyer au Palais-Bourbon des Assemblées aussi divisées, aussi incohérentes que celle-ci. Même ainsi, est-il vrai que le système de la responsabilité ministérielle soit impraticable ?

Oui, si les ministres sont responsables devant une seule Chambre. Non, s'ils sont responsables devant les deux Chambres, devant le Parlement. Or, la Constitution dit : « Devant les Chambres ». Ce n'est que par une violation formelle de l'esprit et de la lettre de la Constitution que la Chambre des députés s'est arrogé un droit de vie et de mort sur les ministères. C'est parce que la Constitution est faussée dans ses œuvres vives, c'est parce que deux pouvoirs sur trois ont trop longtemps abdiqué, c'est parce que nous avons, à peu de chose près, le règne d'une Assemblée unique qui gouverne et administre, c'est parce que les ministères sont à la merci de cette Assemblée quasi omnipotente ; c'est, en d'autres termes, parce que les doctrines jacobines tendent à prévaloir de plus en plus dans les faits, au mépris des lois constitutionnelles et des bonnes règles parlementaires, c'est pour cela que les crises ministérielles se succèdent les unes les autres, et que le pays se débat dans l'instabilité gouvernementale.

« Mais, dira-t-on, les deux Chambres ne peuvent être égales en droits, puisque la Chambre des députés tient dans ses mains, avec les cordons de la bourse, le sort des ministres. » Cela est vrai; mais, de ce qu'un ministère a la majorité dans le Sénat, il ne s'ensuit pas nécessairement que la Chambre lui soit hostile au point de lui refuser le budget; à un conflit si aigu il n'y a d'autre issue que la dissolution.

D'ailleurs, le dernier mot n'est peut-être pas dit sur cette question des droits financiers des Chambres ; et c'est ici un des points sur lesquels nous pourrions utilement nous inspirer de l'exemple des États-Unis. En effet, on conçoit très bien qu'en Angleterre, où les lords sont héréditaires ou nommés par la couronne, les membres de la Chambre des communes, c'est-à-dire les représentants des contribuables, aient le dernier mot en matière financière. Mais en Amérique, où le Sénat est électif, il a des droits égaux à ceux de l'autre Chambre; quand il y a

conflit, on nomme une commission mixte, qui
transige, et il est entendu qu'ensuite les deux
Chambres adoptent la transaction. Donc la théorie
budgétaire qu'on s'est efforcé de faire prévaloir
chez nous est empruntée aux traditions d'un
pays monarchique et aristocratique, et la théorie
qu'on repousse est celle d'un pays démocratique
et républicain.

Quoi qu'il en soit, et qu'on admette ou non
l'égalité des droits des deux Assemblées, il est un
point incontestable : c'est que le principe de la
responsabilité ministérielle n'exige pas que les
ministres posent à chaque instant, pour un oui
pour un non, la question de confiance. Lorsque
les questions de législation sont constamment
transformées en questions de Cabinet, il n'y a
plus ni bonne législation, ni stabilité gouvernementale. « Les ministres, dit la Constitution,
sont responsables devant les Chambres de la
politique générale du gouvernement. » Cela veut-il
dire qu'ils soient tenus d'obéir à toutes les sommations inconsidérées, à tous les caprices, à toutes
les palinodies des divers groupes qui composent
l'une des deux Chambres? Pour ne parler que
de cette législature [1], est-ce que le ministère

____
1. 1885-1889.

Freycinet, par exemple, était tenu de se retirer parce qu'il avait plu à la Droite de s'unir aux radicaux pour refuser le crédit affecté aux sous-préfectures ? Ce vote ne pouvait avoir aucun effet pratique, aucune sanction ; c'était une démonstration platonique sans conséquence, taquinerie pure : il n'était nullement question, en cette affaire, de la *politique générale du gouvernement*. Et, parce qu'il plut à cette même Droite de réclamer la revision immédiate sous le ministère Tirard, puis, sous le ministère Floquet, l'ajournement indéfini de cette même revision, fallait-il donc que ces deux ministères se retirassent l'un après l'autre devant ces votes contradictoires ? Lorsque, suivant son habitude, la Droite a voté, en matière de législation sur la presse, contre ses principes, avec les radicaux, le ministère actuel ne s'est pas retiré, et il a parfaitement bien fait, car cette coalition hybride eût été impuissante à le remplacer. Le système de la responsabilité ministérielle ainsi compris n'est plus le régime parlementaire ; c'est un jeu misérable et puéril.

Il est temps d'y mettre un terme ; il est temps de rappeler aux députés de France qu'ils sont les représentants, non les maîtres de la nation ; que la souveraineté appartient au peuple, non à eux ;

que le peuple ne doit abdiquer, ni dans les
mains d'un homme, ni dans celles d'une Assemblée ; qu'ils ne tiennent de lui qu'un mandat
temporaire et limité, pour certaines fonctions
déterminées.

Ici encore, l'expérience des Américains peut
nous être fort utile : les Assemblées américaines,
soit dans les États, soit dans les communes,
avaient tellement lassé le pays par leurs agitations brouillonnes et leur détestable gestion
financière, que partout, à tous les degrés, on a
senti la nécessité de mettre un frein à leurs excès
en fortifiant de plus en plus les exécutifs. C'est
ainsi que, peu à peu, le veto a été accordé aux
gouverneurs dans tous les États, excepté quatre.
De même, dans les communes, le nombre des
maires qui sont investis du droit de veto augmente chaque jour. Les uns et les autres sont
d'autant plus populaires et considérés qu'ils font
usage plus fréquemment de ce droit. La presse
américaine a même souvent exprimé le regret
que le pouvoir exécutif, outre le veto, n'eût pas
le droit de dissolution. Il semble que l'Amérique
du Nord tout entière ait pris à tâche de réaliser
le mot de Benjamin Constant : « La nation n'est
libre que quand les députés ont un frein », et

celui d'Herbert Spencer : « La fonction du vrai libéralisme dans l'avenir sera de limiter le pouvoir des Parlements. »

C'est ainsi que, par la force des choses, l'expérience d'un siècle a ramené peu à peu les Américains aux doctrines de leurs illustres Constituants de 1787, telles qu'elles furent exposées dans le *Fédéraliste* par Madison, par Jay et par ce grand Hamilton, dont Talleyrand avait deviné le génie : livre admirable, qui devrait être l'évangile du suffrage universel. L'idée maîtresse qui inspira ces hommes d'élite, ces grands citoyens, fut de préserver la République américaine du plus grave péril qui puisse menacer les démocraties : le despotisme anonyme et irresponsable des Assemblées, la tyrannie du nombre. C'est la doctrine américaine par excellence, et non seulement la doctrine des Washington, des Adams, telle qu'elle a été reprise et développée depuis par tous les grands politiques, tous les grands jurisconsultes des États-Unis, les Kent, les Story, les Curtis, les Walker, les Marshall, les Sumner, mais, ce qui est bien remarquable, la doctrine des partisans les plus déterminés de la souveraineté populaire, et, comme disait Tocqueville, « du plus puissant apôtre qu'ait jamais eu la démocratie », Jefferson. « Tous les pouvoirs, législatif, exécutif et judiciaire, disait-il, viennent aboutir à l'Assemblée représentative. Les concentrer dans les mêmes mains équivaudrait à créer le gouvernement despotique, auquel nul allégement ne serait apporté par ce fait que nous aurions plusieurs maîtres. Il est certain que l'oppression collective de plusieurs despotes pèserait aussi lourdement que celle d'un seul. Peu importe que nous les ayons choisis par nos suffrages. Nous avons combattu, non pour établir un despotisme électif, mais pour fonder un gouvernement libre et si bien pondéré, qu'aucun des différents délégués de la puissance publique ne puisse tenter de franchir les limites de son domaine spécial, sans être aussitôt tenu en échec et arrêté par les autres... La tyrannie des législateurs est actuellement et sera pendant bien des années encore le danger le plus redoutable. »

Bref, la maxime directrice de la politique constitutionnelle aux États-Unis est celle que Stuart Mill a formulée ainsi : « C'est une maxime fondamentale de gouvernement, qu'il doit y avoir en toute Constitution un centre de résistance contre le pouvoir prédominant, et, par conséquent, dans une Constitution démocra-

tique, un moyen de résister à la démocratie »;
principe universellement admis par tous les
grands esprits de tous les pays et de tous les
temps, depuis Aristote jusqu'à Montesquieu,
mais qu'il est impossible de faire pénétrer dans
le cerveau de nos radicaux, lesquels ne se
rendent ni à la double épreuve de 1791 et
de 1848, ni à l'expérience de tous les peuples
civilisés.

Eh bien! si nous pouvons, si nous devons
essayer d'imiter quelque chose en Amérique,
c'est justement cela : cet esprit politique
excellent, cette sagesse, cette modération d'un
grand peuple qui, selon la parole de Webster,
« se limite spontanément et fixe des bornes à sa
propre souveraineté », qui sent que nul ne doit
aller jusqu'au bout de son droit et de sa liberté,
qui sait se gouverner parce qu'il se possède. Oui,
ce qui doit nous servir de modèle, c'est ce
respect, cet amour de la légalité, qui porte les
Américains à accomplir leurs modifications constitutionnelles, non par le procédé brutal des revisions, comme nous, mais par la méthode de
l'interprétation et de la coutume. « S'il est, pour
les Français, une leçon à tirer de l'étude des
institutions américaines, c'est la nécessité de ne

toucher qu'en des cas bien graves et d'une main très légère au délicat édifice qui abrite la société française[1] ». C'est à leurs qualités, bien plus qu'à leurs institutions, dont M. Boutmy a fait une si pénétrante critique[2], que les Américains doivent leur stabilité relative.

Pour nous, il nous faut revenir, et vite, à la vérité du gouvernement parlementaire. Si nous n'avons pas assez de raison, assez de courage pour observer les règles primordiales des gouvernements libres, pour appliquer nos lois constitutionnelles au lieu d'en laisser plus longtemps annihiler ou fausser les ressorts, pour faire rentrer la Chambre des députés dans son devoir, dans ses attributions, pour restaurer l'exécutif et le Sénat (et nombre d'esprits éclairés estiment que notre Sénat est recruté, surtout depuis la revision de 1884, d'une façon insuffisante et n'a pas assez de force) ; si l'existence, les intérêts vitaux de la nation entière doivent rester à la merci d'une Chambre incohérente et brouillonne,

---

1. *La Constitution américaine et ses amendements*, par L. Vossion, consul de France à Philadelphie, avec préface de J. Chailley 1 vol., Guillaumin, 1889.

2. Dans ses *Études de droit constitutionnel*, livre tout à fait supérieur, et que nous voudrions voir aux mains de tous nos législateurs.

sans frein et sans responsabilité (beaucoup trop nombreuse, d'ailleurs, à notre avis); si nous continuons à avoir, au lieu de gouvernement, une commission exécutive hétérogène et temporaire, une sorte de Directoire sans cesse révocable; si, d'autre part, — et nous pourrons également traiter ces questions quelque jour, — nous ne réformons pas notre procédure parlementaire (par exemple en ce qui regarde l'abus des interpellations), et aussi nos institutions administratives; si nous n'en finissons pas, et avec le jacobinisme, et avec un système administratif césarien, qui s'étayent l'un l'autre; alors notre sort est écrit : l'anarchie nous ramène au despotisme.

Nous venons d'échapper à une terrible aventure; mais les causes de la crise sont toujours là : ce sont ces causes qu'il faut faire disparaître, si nous voulons définitivement fonder dans ce pays la liberté politique, comme nos pères y ont fondé l'égalité civile [1].

1. A la suite de la publication de cette étude, M. Émile de Laveleye adressa à l'auteur la lettre suivante. (Voir *le Journal des Débats* du 18 septembre 1889). Nous la reproduisons ici à titre de document :

Cher Monsieur,

Permettez-moi de vous soumettre quelques réflexions relatives aux excellents articles que vous venez de publier dans le *Journal des Débats*, à propos de la revision de la Constitution en France.

Vous avez bien raison, il ne faut jamais faire de revision constitutionnelle sans de très sérieux motifs, car cela ôte la confiance en la stabilité des institutions politiques et ouvre la voie aux aventures.

C'est un des graves défauts de votre Constitution, que la facilité avec laquelle on peut la reviser, en « un tour de main ». En Amérique, en Suisse même, il y a toute une série de formalités et de préliminaires qui font qu'une revision n'est possible que quand elle est réellement voulue par la grande majorité de la nation. En Belgique, pour changer un article de notre pacte fondamental, il faut les deux tiers des voix dans chacune des deux Chambres et le concours des deux Chambres réélues.

Vous n'avez pas tort non plus de vouloir le maintien de la République : non que cette forme de gouvernement soit très supérieure à la monarchie constitutionnelle, mais parce que c'est celle qui actuellement en France garantit le mieux la sécurité à l'intérieur et à l'extérieur. Supposez la royauté rétablie et le comte de Paris occupant le trône ; il a, je le crois, toute les qualités pour être un roi modèle ; mais en présence d'une opposition formidable composée de républicains irrités et de bonapartistes déçus, il devrait recourir à une compression très forte et à l'appui du clergé, ce qui ne serait point du goût des Français. C'est surtout vis-à-vis de l'étranger que sa position serait difficile. La République est plus à même d'écraser une insurrection à l'intérieur et de maintenir la paix à l'extérieur, parce qu'elle est un gouvernement anonyme. La royauté est un homme, qui a ses fiertés, ses susceptibilités, ses entraînements.

L'une des causes de la chute de Louis-Philippe est ce qui fait sa gloire : il a aimé la paix. Mais combien le grief serait plus amer et plus pressant à l'égard de son petit-fils qui ne rendrait pas l'Alsace à la France ! Louis-Napoléon a fait la guerre sans y être préparé pour sauver son trône. La même cause porterait probablement le souverain restauré à la faire aussi sans attendre le moment opportun.

J'arrive aux réformes que réclame, à mon avis, votre régime représentatif. Il faut bien admettre qu'il existe dans toute l'Europe, et en France surtout, à l'égard du « parlementarisme », un mécontentement, une irritation qui va parfois jusqu'à l'écœurement. C'est là, évidemment, ce qui a fait toute la force du boulangisme, phénomène autrement inexplicable. Certaines réformes sont donc indispensables, car, aux prochaines élections, la victoire des républicains, quelque complète qu'on la suppose, ne le sera jamais assez pour empêcher les scissions, les coalitions et, par conséquent, l'instabilité permanente du gouvernement.

La réforme la plus urgente me paraît être le renouvellement partiel des Chambres. C'est chose effroyable pour un pays de se trouver ramené tous les quatre ans devant l'inconnu et d'avoir à faire le *leap in the dark* (le saut dans les ténèbres). Je ne sais si vous éprouvez, vous, Français, cette anxiété qui, à l'étranger étreint le cœur des amis de la France, en pensant qu'un seul jour peut changer les destinées de votre pays et, par conséquent, celles de l'Europe. Une mauvaise récolte, un échec au Tonkin, un mot malheureux d'un ministre peut tout compromettre, puisqu'une journée décide de tout.

Avec le renouvellement partiel par quart ou par cinquième, chaque année, les surprises ne sont pas à craindre. Le gouvernement est averti du courant de l'opinion, et il peut agir en conséquence. Les nouveaux arrivés à la Chambre y trouvent des traditions, une discipline ; une sorte de continuité s'établit. Nulle part le renouvellement intégral n'est plus périlleux qu'en France, parce que la vivacité de votre esprit et l'activité de votre imagination vous mettent à la merci de l'impression du moment. Un de vos ministères n'a-t-il pas été renversé pour une prétendue défaite qui n'a jamais existé ?

La longue durée des sessions du Parlement est un autre mal non moins grand. C'est alors que les coalitions, les interpellations, les querelles d'hommes et de partis font rage et agitent le pays. Quelle délivrance quand les députés rentrent dans leurs foyers ! En Belgique, où nous sommes pourtant d'humeur très calme, on n'est jamais plus satisfait que quand les ministres sont aux eaux, les représentants à la chasse et le roi en voyage. Nous jouissons des douceurs de l' « anarchie ». Comme je l'ai montré récemment (*Revue des Deux Mondes*, août 1889), en Amérique, dans les États, le Parlement ne siège généralement qu'une fois tous les deux ans. Ce serait là vraiment le salut ; mais, comme il n'y faut pas songer en Europe, on pourrait ne réunir les Chambres qu'en décembre et fixer les élections annuelles du cinquième des députés au mois d'avril. Quatre mois de débats, c'est plus qu'assez !

Vous pensez qu'un ministère extra-parlementaire serait difficilement admis ; mais je voudrais que certains ministres, pour les affaires qui exigent *absolum*nt l'esprit de suite, fussent permanents pendant la durée d'une Présidence au moins. Ainsi les ministres de la guerre, de l'instruction publique, de l'agriculture et du commerce, et des affaires étrangères, seraient nommés par le Président, de l'avis conforme du Sénat, comme aux États-Unis. Ils ne seraient point solidaires des destinées du Cabinet. On aurait pour eux le système américain, sauf certaines modifications de détail. Pour la défense du pays, par exemple, en présence des autres États où tous les desseins sont préparés et exécutés avec suite, quelle infériorité inévitable dans la succession si rapide des différents ministres de la guerre !

Les commissions spéciales en Amérique ont bien tous les défauts que vous avez signalés ; mais on pourrait les corriger, et elles ont ce très grand avantage de permettre une prompte expédition de la besogne. Votre Sénat est, sans contredit, l'Assemblée législative la mieux composée de l'Europe. Loin de l'affaiblir, il faut le fortifier. Il faut, comme vous le demandez, étendre ses pouvoirs, notamment comme en Amérique, en ce qui concerne les affaires étrangères. Je voudrais y adjoindre des représentants des grands corps constitués : l'Université, l'Institut, les grandes Chambres de commerce, les différentes Églises, etc. Il faut tout faire pour en augmenter le lustre et l'autorité.

Aujourd'hui, plus que jamais, le gouvernement des nations est affaire de raison, de prévoyance, de sagesse, de science. N'est-il pas indispensable de former une Assemblée qui possède le plus possible ces qualités essentielles et d'augmenter ses prérogatives, dans l'intérêt de la démocratie ?

Je résume cette esquisse de quelques modifications facilement réalisables :

1° Renouvellement partiel de la Chambre des députés, par cinquième, annuellement ;

2° Courte durée des sessions ;

3° Commissions spéciales fortement constituées ;

4° Certains ministres extra-parlementaires, à la façon de ceux des États-Unis ;

5° Fortifier le Sénat et augmenter ses attributions ;

6° Dans l'intérêt de la démocratie et de la République, donner partout l'autorité à l'expérience, à la sagesse et à la science.

Votre très dévoué,
ÉMILE DE LAVELEYE.

LA « CONCENTRATION ».

DISCOURS PRONONCÉ A LA CHAMBRE DES DÉPUTÉS

le 16 février 1893.

M. PAUL DESCHANEL. — A cette heure avancée, je ne demanderai à la Chambre que quelques instants de sa bienveillante attention. *(Parlez ! parlez !)*

Je me suis associé l'autre jour à l'acte de M. Cavaignac : la Chambre comprendra que j'aie à cœur de m'expliquer devant elle en peu de mots.

M. Cavaignac a fait justice tout à l'heure des bruits qu'on a répandus depuis huit jours : cette prétendue conspiration entre la Droite et nos amis. J'affirme à mon tour, — on ne saurait assez le répéter, — qu'il n'y a eu, à aucun moment, aucun concert, aucune entente, aucun conciliabule entre la Droite constitutionnelle et nous. *(Interruptions à gauche.)*

M. BOISSY D'ANGLAS. — C'est le hasard.

M. PAUL DESCHANEL. — Je ne suppose pas que vous doutiez de ma parole ?

M. BOISSY D'ANGLAS. — Non ! Je dis très sérieusement que c'est le hasard.

M. PAUL DESCHANEL. — C'est aussi le hasard probablement qui a réuni l'unanimité de 522 députés sur le même ordre du jour[1] ! La vérité est qu'il s'agissait là d'une question très supérieure à toutes les considérations de groupes. Le pays, lui, ne s'y est pas trompé.

Je tiens à répondre en particulier à l'interruption qui vient de se produire, — car il faut que nous nous expliquions ici loyalement et à fond, — que ceux-là se feraient une singulière idée de notre caractère et de notre intelligence politique, qui supposeraient que nous pussions nous prêter à un mouvement rétrograde !

Oui, certes, nous sommes heureux de voir la République faire chaque jour de nouveaux progrès, conquérir de nouvelles recrues dans le pays ; oui, nous nous réjouissons d'accueillir tous les dévouements loyaux et sincères ; et n'est-ce pas

1. A propos de l'affaire du Panama.

là la récompense légitime de nos travaux et de nos efforts? *(Très bien! très bien!)* Mais, en même temps, nous sommes résolus à ne marcher jamais avec ceux qui, tout en se déclarant ralliés à la République, conserveraient une arrière-pensée de réaction.

M. PAUL DE CASSAGNAC. — Qu'appelez-vous la réaction?

M. DE LAMARZELLE, *ironiquement.* — Les lois scolaires et la loi militaire !

M. PAUL DESCHANEL. — Au surplus, avons-nous attendu cette interpellation et les événements actuels pour exprimer hautement notre opinion à ce sujet ?

Il y a trois ans, au lendemain de notre commune victoire sur le boulangisme, ici même — permettez-moi ce souvenir — j'avais l'honneur de vous dire qu'à mon avis, la base sur laquelle reposait le parti républicain dans ce pays était trop étroite ; qu'il y avait une souveraine imprudence à laisser en dehors de l'ordre républicain 3 500 000 électeurs, puisqu'il suffirait du moindre incident pour déplacer 600 000 voix et faire passer la majorité de gauche à droite ; qu'en conséquence, il fallait inaugurer une politique plus large, non seulement dans le sens de cet

3.

apaisement qui a inspiré les récents discours de M. le ministre des Affaires étrangères et de M. le ministre des Cultes, mais aussi, d'autre part, — ce qui n'est nullement incompatible, comme paraissent le croire certains esprits, — en présence de la question sociale chaque jour plus pressante, par tout un ensemble de mesures hardiment et profondément démocratiques.

Et j'ajoutais aussitôt que cette politique plus large, cette politique nouvelle, cette politique nationale au véritable sens du terme, nous pouvions, nous devions la réaliser, non par des combinaisons plus ou moins artificielles de groupes et de personnes dans l'enceinte des Chambres, mais dans le pays et par le pays. Oui, c'est du pays seul que nous attendons le triomphe de nos idées. *(Très bien! très bien! au centre.)*

Voilà ce que je pensais alors. Je n'ai pas changé d'opinion, et ce ne sont pas les événements qui se sont déroulés depuis qui ont pu modifier mes vues.

Par conséquent, de ce côté, nulle obscurité, nulle équivoque.

L'équivoque, la seule équivoque que nous ayons vu apparaître d'un bout à l'autre de cette séance, la voici... *(Interruptions sur divers bancs.)*

Nous venons d'assister à cet étrange spectacle : Au moment même où M. le président du Conseil faisait appel à l'ensemble des forces républicaines et défendait de toutes les énergies de son talent et de son éloquence la concentration, il y avait ici un groupe qui, par ses interruptions, la dénonçait à chaque instant.

Divers membres. — Quel groupe ?

M. PAUL DESCHANEL. — Je vais vous le dire. Messieurs, il ne faut pas nous payer de mots; sous les formules il faut voir les réalités.

Je demande au Gouvernement et à la majorité des républicains si, dans leur pensée, l'union des républicains comprend — et, si je suis amené à citer ici des noms, ce n'est pas, vous m'entendez bien, avec une intention désobligeante à l'égard de tel ou tel de nos collègues, c'est parce que leurs noms représentent certaines idées, certaines doctrines, une certaine politique, — je demande si l'union des républicains comprend des hommes tels que M. Ferroul, par exemple, dont la presque unanimité de la Chambre répudiait récemment les doctrines...

M. LE PRÉSIDENT DU CONSEIL. — Non ! *(Exclamations à l'extrême gauche.)*

M. PAUL DESCHANEL. — ... et M. Paul Lafargue, le gendre et le disciple du collectiviste allemand Karl Marx...

M. LE PRÉSIDENT DU CONSEIL. — Non !

M. PAUL DESCHANEL. — ... ces députés qui ont été élus, non pas au nom de la concentration républicaine, mais contre elle, qui ont été élus contre de fermes et excellents républicains, par des coalitions de socialistes révolutionnaires et de réaction démagogique ? (*Très bien ! très bien ! à gauche et au centre. — Mouvements divers.*)

Je demande si, dans votre pensée, l'union des républicains comprend les députés qui marchent la main dans la main avec ceux-là ?

Ce n'est pas tout. (*Interruptions à l'extrême gauche.*)

M. le président du Conseil disait tout à l'heure que, depuis son arrivée aux affaires, il avait été soutenu par l'ensemble des forces républicaines. Voyons cela. Il a posé plusieurs fois, dans des circonstances graves, la question de confiance. Comment se sont réparties les voix républicaines ? Je laisse de côté la Droite et les boulangistes.

Vous arrivez à la présidence du Conseil le 6 décembre.

Le lendemain, M. Hubbard vous interpelle sur

les rapports du Gouvernement et de la Commission d'enquête. 300 républicains votent pour
vous ; 70 radicaux et socialistes votent contre ou
s'abstiennent.

Le 15 décembre, sur la proposition de M. Pourquery de Boisserin, 267 républicains votent pour
vous ; 81 radicaux et socialistes votent contre ;
9 s'abstiennent : total 90. Toute la Droite vote
contre. Le Gouvernement est maintenu par une
majorité exclusivement républicaine.

M. ALBERT CHICHÉ. — Voilà la lumière !

A gauche. — Ce n'est pas la question !

M. PAUL DESCHANEL. — Je suis au contraire
en plein dans la question : car ces chiffres
mettent en lumière l'éternelle équivoque qui pèse
sur la situation. *(Très bien ! au centre.)*

Le 12 janvier, M. Hubbard interpelle de nouveau sur la politique générale, — à cette époque,
ce n'était pas encore M. Leydet qui interpellait
au nom de l'Extrême gauche... *(Rumeurs à l'extrême gauche.)*

Un membre à l'extrême gauche. — C'est le droit
de chacun de nous d'interpeller.

M. PAUL DESCHANEL. — Assurément ! mais ce
n'était pas dans le même esprit que vous interpelliez alors ! 293 républicains votent pour le

Gouvernement ; 65 radicaux et socialistes votent contre.

Enfin, le 26 janvier, sur les fonds secrets, 295 républicains votent pour le Gouvernement ; 43 radicaux et socialistes votent contre, 26 s'abstiennent : total, 69. *(Bruit et interruptions à l'extrême gauche.)*

Messieurs, je n'ai interrompu personne ; je vous demande de vouloir bien m'écouter.

Donc, une majorité de deux cent soixante-dix à trois cents républicains qui n'ont cessé de vous soutenir, et une minorité de soixante-dix à quatre-vingt-dix membres de l'Extrême gauche qui n'ont pas cessé de vous combattre ou de vous faire défaut. Et non cent quatre-vingts, comme le disait M. Millerand, qui prenait ses désirs pour des réalités. *(Interruptions à l'extrême gauche.)*

M. AYNARD. — Ils veulent la concentration obligatoire pour nous et facultative pour eux !

M. LOUIS TERRIER. — Quand on a voté sur le maintien de l'ambassade auprès du pape, la majorité a été composée de modérés et de membres de Droite, mais non de républicains !

M. PAUL DESCHANEL. — Je ne parle que des votes de confiance. Et je constate que la coupure s'est faite toujours à la même place, et toujours par les mêmes hommes. *(Réclamations à gauche.)*

M. LOUIS TERRIER. — C'est une erreur !

M. BARODET. — La coupure se fait du côté de la Droite !

M. PAUL DESCHANEL. — Je me suis expliqué sur la coupure à Droite !

Je répète que la coupure se fait toujours à la même place et par les mêmes hommes. Et cela dure depuis seize ans !

On parle d'union ; nous ne demandons pas mieux ! Mais qui donc y fait obstacle ?

M. JULLIEN. — Vous !

M. PAUL DESCHANEL. — On parle de concentration ; qui donc l'a brisée sans cesse ?

M. JULLIEN. — Vous !

M. PAUL DESCHANEL. — Nous ? Je proteste contre ce sophisme, auquel l'opinion publique ne se trompera pas ! Je constate le mal, je ne le crée pas !

Eh bien, messieurs, on nous accuse, mes amis et moi — car il n'est pas d'absurdité qu'on ne nous prête ! — on nous accuse de vouloir gouverner avec une minorité, avec un petit groupe. Point du tout ! C'est tout le contraire : nous demandons que le Gouvernement gouverne avec sa majorité, et non pas avec l'opposition ! *(Exclamations à l'extrême gauche.)*

Nous demandons qu'il gouverne avec ceux qui n'ont pas cessé de le soutenir de leurs votes, et non avec ceux qui n'ont pas cesser de les lui refuser! *(Nouvelles interruptions à gauche.)*

On nous dit : « Vous n'avez pas à exclure une minorité qui s'exclut elle-même... ». Mais nous n'excluons personne! Nous constatons seulement avec surprise que ceux qui depuis seize ans s'éliminent de la concentration continuent cependant d'en arborer le nom et d'en recueillir les profits! *(Nouvelles interruptions sur les mêmes bancs. — Rires et applaudissements au centre.)* Ils se mettent, à chaque scrutin, en dehors de la majorité parlementaire et gouvernementale, et cependant ils continuent d'exercer sur la politique de cette majorité et du gouvernement qui la représente une influence plus grande peut-être que s'ils votaient avec elle! *(Très bien! très bien sur divers bancs.)*

Je demande en vertu de quel droit, et par suite de quelles étranges faiblesses, des hommes politiques qui, dans l'espace de seize ans, ont renversé quinze ministères républicains avec le concours de la Droite *(Applaudissements au centre. — Mouvements divers)*, qui, chose bien plus grave, à l'extérieur, ont contribué plus que qui que ce soit à laisser

tomber l'Égypte aux mains de l'Angleterre...
(Applaudissements prolongés au centre et à droite.)

M. CLÉMENCEAU. — Avec vos amis !

M. GEORGES LEYGUES. — La Droite n'a pas le droit d'applaudir, elle a voté avec les radicaux.

M. PAUL DESCHANEL... et qui, si on ne les en avait pas empêchés, auraient laissé tomber Tunis et Bizerte aux mains de l'Italie et de la triple alliance ; qui, s'ils n'ont pas eu la main heureuse au point de vue de la direction des événements, ne l'ont pas eue davantage au point de vue du choix des hommes, puisque, après avoir combattu de toute leur énergie Gambetta et Miribel, ils ont inventé Boulanger et Cornélius Herz !...
(Applaudissements au centre. — Bruit.)

M. GUILLEMET. — Voilà comment vous faites la concentration !

M. PAUL DESCHANEL... je demande de quel droit ces hommes prétendent peser sur la politique d'une majorité en dehors de laquelle ils se sont volontairement placés, et sur la conduite d'un gouvernement qu'ils n'ont cessé de combattre ? *(Très bien ! très bien ! au centre et à droite. — Bruit à gauche.)*

On parle d'équivoque. *(Interruptions à gauche.)*

Ah! messieurs, on voit bien que c'est la première fois qu'on vous tient ce langage!

M. GEORGES TROUILLOT. — Regardez à Droite!

M. PAUL DESCHANEL. — Je ne regarde que devant moi, monsieur, et je n'ai en vue que l'intérêt de mon pays! *(Applaudissements au centre.)*

Voilà, messieurs, l'équivoque qui, depuis seize ans, vicie, altère, fausse la politique du parti républicain et la politique générale de la France! C'est cette équivoque qui est à l'origine de toutes nos difficultés. *(Interruptions à l'extrême gauche.)*

On a beaucoup parlé aujourd'hui de revision constitutionnelle.

La revision! Je crains bien que cette formule ne soit encore une équivoque : car il y a autant de revisions que de partis et de groupes revisionnistes, ce qui n'est pas peu dire! Au lieu de reviser la Constitution, si nous l'appliquions, tout simplement? *(Exclamations à gauche. — Très bien! très bien! au centre.)*

En effet, quel est le mal dont souffre la France depuis seize ans?... *(Ah! ah! sur les même bancs.)* Mais tout le monde le voit! *(Non! non! sur les mêmes bancs.)*

Messieurs, ce n'est pas répondre dignement au langage que je tiens que de m'interrompre à chaque instant. Venez à cette tribune ! *(Très bien ! très bien ! à gauche et au centre.)*

Le mal, le voici :

La France a une Constitution parlementaire, et toutes les règles essentielles du gouvernement parlementaire sont faussées par l'équivoque que je viens de signaler.

Quelle est la clef de voûte du gouvernement parlementaire? C'est un Cabinet homogène et solidaire : homogène, c'est-à-dire ayant un programme commun, des vues identiques de politique intérieure et étrangère; et solidaire, c'est-à-dire qu'aucun des membres qui le composent ne peut faire partie de la combinaison suivante, à plus forte raison en devenir le chef; sans quoi la formation de partis sérieux devient impossible et l'on tombe dans la politique de groupes. *(Très bien ! très bien ! au centre.)*

Pour obtenir ce ministère homogène et solidaire, que faut-il? Une majorité également homogène et solidaire. Et pour obtenir cette majorité, que faut-il encore? Il faut, quand on va devant le pays, ne pas le laisser voter dans l'obscurité, sur des négations, mais le mettre en présence de questions précises, d'un programme positif de gouvernement et de réformes. *(Très bien!)*

Est-ce là ce qu'on a fait ?

Depuis seize ans, la France n'a voté que sur des négations. En 1876, en 1877, en 1881, elle a voté contre la monarchie ; en 1885, contre les expéditions lointaines ; en 1889, contre le boulangisme.

M. LOUIS TERRIER. — Et en 1893 elle marchera contre les ralliés.

M. PAUL DESCHANEL. — Qu'en est-il résulté ? C'est qu'au lendemain même du scrutin, de ce scrutin qui avait fait disparaître l'objet, le fait sur lequel le pays venait de voter, il n'y avait pas ici de majorité de gouvernement ni, par conséquent, de gouvernement digne de ce nom, de ministère stable, durable, capable d'entreprendre des réformes de longue haleine au dedans et d'accomplir des desseins suivis au dehors.

Il y avait sur les bancs du gouvernement des mosaïques *(Très bien! très bien! et rires sur divers bancs)*, ce qu'on a appelé spirituellement des congrès d'ambassadeurs, où chacun des groupes les plus disparates, chacune des opinions les plus divergentes, étaient représentés.

De là cette incertitude dans la direction de la politique générale, ces tiraillements, ces conflits au sein de chaque ministère, ces ministres reparaissant de combinaison en combinaison, cette anémie du pouvoir exécutif, enfin cette continuelle instabilité, incompatible avec le gouvernement d'une grande nation comme la France, et surtout avec la direction de sa politique extérieure. *(Applaudissements au centre. — Interruptions à gauche.)*

Eh bien, il s'agit de savoir si vous voulez guérir ce mal, ou le perpétuer; si vous voulez rétablir le gouvernement parlementaire dans sa vérité, dans sa sincérité. Pour cela, la première chose à faire, c'est de gouverner avec votre majorité réelle.

M. GUILLEMET. — Où est-elle cette majorité?

M. PAUL DESCHANEL. — Je vous l'ai montrée, chiffres en mains. Il y a ici une majorité exclusivement républicaine, indépendamment de l'Extrême gauche.

Messieurs, il ne faut pas s'y tromper : la France est à un tournant de son histoire. La crise actuelle[1], si elle s'était produite sous un gouvernement personnel ou sous un régime de suffrage restreint, eût entraîné une révolution violente; sous la République et avec le suffrage universel, la révolution sera légale et pacifique. *(Très bien! très bien! sur divers bancs).*

---

1. La crise du Panama.

Ceci n'est pas seulement la fin d'un monde ; c'est le commencement d'un monde nouveau. *(Exclamations à l'extrême gauche.)*

M. Millerand disait : « Il y a à cette heure devant le pays deux politiques en présence. » C'est vrai. Seulement, nous ne les définissons pas de même.

La première, — qui est celle de la très grande majorité des républicains dans la Chambre et dans le pays, — si on la considère d'abord au point de vue de la question sociale, n'est pas seulement une politique de conservation, c'est aussi une politique de progrès et de réformes ; car M. Millerand et ses amis ne pensent pas, j'imagine, avoir le monopole de l'intelligence des intérêts populaires et de la sympathie pour les souffrances contre lesquelles se débattent les travailleurs ?...

Voix diverses à gauche. — Et vous ?

M. PAUL DESCHANEL. — ... Ils ne pensent pas que nous ayons les yeux fermés sur ce grand problème qui se pose aujourd'hui d'une manière si aiguë dans l'ancien et dans le nouveau monde ; ils ne pensent pas que nous désirions moins ardemment qu'eux arriver à une répartition de plus en plus équitable des fruits du travail et élever à un degré supérieur de bien-être et de lumière ceux qui peinent sur le sillon, dans l'atelier ou dans la mine ; ils ne pensent pas que nous songions plus qu'eux à nous enfermer dans des cadres qui tombent en poussière, ni dans l'égoïsme étroit où se sont confinées jadis certaines majorités de gouvernement, cette majorité censitaire, par exemple, qui a entraîné aux abîmes la monarchie de Juillet ?

Non ! mais ce que nous repoussons, monsieur Millerand, c'est l'invasion des idées allemandes, ce sont les théories du collectivisme, qui sont la négation, la ruine des conquêtes essentielles et durables de la Révolution française : la propriété et la liberté individuelles. *(Applaudissements.)*

Cette politique, si on la considère à un autre point de vue, au point de vue des libertés publiques, des libertés nationales, a été, à toutes les époques celle de nos plus grands hommes d'État ; et, pour m'en tenir à l'histoire de la troisième République, celle du libérateur du territoire... *(Rumeurs à l'extrême gauche. — Applaudissements sur divers bancs)* et celle de Gambetta, lorsqu'à la fin de son orageuse carrière il cessa d'être homme de parti pour devenir homme d'État ; cette politique qui a été l'honneur de votre vie, monsieur le président du Conseil, et à laquelle vous avez apporté l'éclat de votre talent et l'autorité de votre caractère [1]; celle qu'ont défendue les plus généreux cœurs et les plus hautes intelligences politiques de ce siècle; qui n'a pas cessé de combattre ces formes dégradantes et basses du gouvernement des hommes, le jacobinisme et le césarisme *(Réclamations à l'extrémité gauche de la salle. — Applaudissements à gauche et au centre)* et que, je l'espère bien, vous ne laisserez pas péricliter dans vos mains, à cette heure décisive pour l'avenir de la France !

Et d'autre part, il y a cette politique si différente, que vous n'aviez pas cessé de combattre et qui n'a pas cessé de vous combattre, cette politique que la France peut juger, non sur ses promesses, mais sur ses actes, politique purement négative, politique stérile et décevante, politique de division et de destruction, qui se résume en deux mots : instabilité au dedans, abdication au dehors ! *(Bruit à l'extrémité gauche de la salle. — Applaudissements à gauche et au centre. — L'orateur, en retournant à son banc, reçoit des félicitations.)*

1. M. Ribot.

PROGRAMME RÉPUBLICAIN PROGRESSISTE
ET PROGRAMME RADICAL-SOCIALISTE

DISCOURS PRONONCÉ A LA CHAMBRE DES DÉPUTÉS

le 23 novembre 1893 [1].

Messieurs,

Il est un point sur lequel mon éloquent ami M. Barthou et moi nous sommes d'accord avec M. Lockroy, sinon avec M. Chautemps : c'est le changement que les dernières élections ont produit dans la politique française.

Quand il y avait ici deux cents monarchistes, il n'y avait pas d'autre politique possible que l'union des diverses fractions du parti républicain et la constitution de ministères où chacune d'elles était représentée.

1. Au lendemain des élections générales de 1893.

Mais, à mesure que la République faisait de nouvelles conquêtes, à mesure que les anciens partis disparaissaient, il était inévitable que chacune de ces fractions reprît peu à peu son indépendance, d'abord dans les élections, puis dans le Parlement, et essayât d'y faire prévaloir ses idées.

On avait d'abord combattu pour l'existence ; puis, à mesure que le principe était de moins en moins contesté, on luttait pour telle ou telle organisation du régime.

Tout cela est logique ; c'est la marche naturelle des choses ; et quand on a parlé d'un « changement de système », quand nous avons dit : « La République est à un tournant de son histoire », nous avons simplement constaté cette situation nouvelle qui sautait aux yeux et que tout le monde aujourd'hui, ou presque tout le monde s'accorde à reconnaître.

Cela veut-il dire, comme certaines personnes ont paru le croire, que nous songions à blâmer l'emploi de cette méthode dans le passé, ou à critiquer ceux qui l'ont suivie ? En aucune façon ! Et qui donc pourrait méconnaître l'importance de l'œuvre accomplie depuis quinze ans : la reconstitution de notre outillage militaire, scolaire, économique, la création d'un vaste empire colonial, le rétablissement de l'équilibre européen ? *(Applaudissements.)*

C'est justement parce que les hommes qui ont accompli cette œuvre ont fait progresser la République dans le cœur de la France et dans l'estime de l'Europe à tel point qu'elle se confond désormais avec la nation, c'est parce que nous sommes ici, non plus 363, mais 488 députés républicains, c'est pour cela que nous voyons tomber et disparaître de lui-même, par la force des choses, l'expédient nécessairement provisoire qui correspondait à la période des origines, de la lutte pour la vie, mais qui ne pouvait évidemment demeurer le régime normal et définitif du gouvernement parlementaire en France. *(Très bien! très bien! au centre.)*

Car, si l'on ne peut contester l'importance de l'œuvre accomplie depuis quinze ans, on ne peut contester non plus les inconvénients, sous d'autres rapports, de la méthode que nous avons été obligés de suivre : ces ministres choisis, non parce qu'ils représentaient les mêmes idées, mais au contraire parce qu'ils représentaient des groupes différents ; ces ministères qui n'étaient que des images en raccourci des divisions de la majorité, qui avaient plusieurs politiques, ou qui n'en avaient pas, ce qui revient au même ; ces ministres, renversés par un vote de la Chambre, restant presque tous à leur poste sous la conduite d'un nouveau président du Conseil ; par suite, ces tiraillements, ces conflits, dont le contre-coup se faisait sentir dans toutes les administrations, dans tous les services publics, ces crises répétées, cet affaiblissement et cette instabilité du pouvoir qui a été, pendant cette période, le vice capital de notre politique *(Très bien ! très bien ! au centre)* et qui a failli, à certaines heures, nous devenir si funeste ; enfin, ce qui peut-être est pire que tout, ces compromis où les hommes publics sacrifiaient à une ombre de pouvoir leurs idées, leurs programmes, tout ce qui était leur raison d'être et leur principe de vie *(Très bien ! très bien !),* cet étrange spectacle, d'hommes politiques faisant au pouvoir le contraire de ce qu'ils avaient demandé dans l'opposition, pratiquant comme ministres la politique qu'ils n'avaient cessé de combattre comme députés, puis, une fois tombés, réclamant de leurs successeurs ce qu'eux-mêmes n'avaient pu faire. *(Applaudissements et rires sur un grand nombre de bancs.)* De telle sorte que, à ceux qui, par exemple, viendront nous demander, soit la suppression du budget des cultes, soit celle des évêchés non concordataires, nous n'aurons qu'à relire les discours, les arguments apportés à cette tribune, en 1888, par le ministère Floquet (l'honorable M. Lockroy en faisait partie, je crois) ; à ceux qui viendront nous demander la suppression de l'ambassade au Vatican, nous n'aurons qu'à relire le discours prononcé à la même époque par l'honorable M. Goblet, alors ministre des affaires étrangères... *(Applaudissements et rires.)*

M. RENÉ GOBLET. — Je demande la permission de dire que j'ai toujours soutenu les mêmes opinions comme député et comme ministre.

M. PAUL DESCHANEL... discours dans lequel l'honorable M. Goblet nous priait — j'ai retenu très exactement ses paroles — « de ne pas ajouter une amertume nouvelle à toutes les amertumes qui déjà accablaient le Saint-Père. » *(On rit.)*

M. RENÉ GOBLET. — Parfaitement !

M. LOUIS JOURDAN. — M. Goblet a converti le pape à la République. Voilà la conséquence. C'est un échange de bons procédés.

M. PAUL DESCHANEL. — Je ne leur en fais pas un reproche : ils portaient, comme nous tous, le poids de la situation générale ; mais, sans doute, le souvenir des nécessités cruelles qu'ils ont dû subir n'est pas pour peu de chose dans la netteté de leur attitude présente, et nous ne pouvons qu'applaudir à leur désir bien légitime de ne plus retomber désormais dans ces compromis où s'usent l'autorité des caractères, le nerf des partis, et qui finiraient par ruiner le crédit même des institutions libres. *(Très bien! très bien! au centre.)*

Là-dessus, nous sommes absolument d'accord avec l'honorable M. Lockroy. Voici maintenant où nous ne le sommes plus :

Il disait tout à l'heure : « Il y a deux conceptions très différentes de la République » ; et il indiquait — comme M. Chautemps après lui — la formation de deux grands partis : un parti qu'ils appellent le parti progressiste, composé de tous les éléments socialistes et plus ou moins radicaux, et un autre parti — M. Chautemps l'a dit en propres termes — composé du Centre et de la Droite.

Cette vue, pour être exacte, supposerait deux choses : la première, c'est qu'un accord, en vue de conquérir et d'exercer le pouvoir, pourrait intervenir entre les divers groupes socialistes et radicaux ; et la seconde, c'est qu'un accord de même nature et de même portée pourrait intervenir entre le Centre et la Droite.

Eh bien, ni l'une ni l'autre de ces conditions ne me paraissent réalisables, et voici pourquoi :

Si nous nous tournons vers la Gauche, nous voyons des divergences d'opinion profondes, d'abord entre les socialistes eux-mêmes.

Et ici je tiens à m'expliquer sur une interruption que, dans la passion de la discussion, j'ai prononcée tout à l'heure : je sais très bien qu'il y a dans le parti socialiste des hommes qui ont porté le sac et le fusil, je leur rends hommage ; je ne les confonds pas avec d'autres, comme nous en avons vu dans cette enceinte, qui disaient qu'il faudrait, au besoin, « trouer de balles les pantalons rouges ». *(Exclamations.)* Oui ! ces exécrables paroles ont été portées à cette tribune ! *(Applaudissements au centre et à droite.)*

Je dis qu'il y a des divergences d'opinions profondes entre les socialistes. C'est ainsi, par exemple, que M. Goblet a repoussé à différentes reprises les idées internationalistes et les théories du collectivisme. Et, de son côté, M. Jules Guesde a repoussé avec dédain, et en des termes que je n'oserais pas citer ici, le programme de ceux qu'on pourrait appeler les opportunistes du socialisme, c'est-à-dire la nationalisation des

mines, des chemins de fer et de la Banque de
France. Les différentes sectes socialistes sont
très divisées, et parfois il y a des contradictions
sur des points fondamentaux dans les écrits d'un
même chef d'école.

Ainsi, M. Jules Guesde a deux langages tout
différents, et même opposés, suivant qu'il
s'adresse aux ouvriers des villes, de l'industrie,
ou aux populations des campagnes. Voici une
brochure signée de lui, intitulée *Collectivisme
et Révolution*. La campagne socialiste agricole
n'avait pas encore commencé. L'auteur demande
l'expropriation de tous les propriétaires ; il
repousse le rachat et l'indemnité, et ajoute :

« L'expropriation avec indemnité est donc une
chimère, autant, sinon plus, que le rachat. Et,
quelque regret qu'on en puisse éprouver,
quelque pénible que paraisse aux natures paci-
fiques ce troisième et dernier moyen, nous
n'avons plus devant nous que la reprise violente
sur quelques-uns de ce qui appartient à tous,
disons le mot : la révolution. » *(Mouvements
divers.)*

Puis, il montre qu'il ne s'agit pas seulement
de l'expropriation des propriétaires de mines,
des compagnies de transport, des propriétaires

de valeurs mobilières ; que ce sont aussi les propriétaires de la terre qu'il s'agit d'exproprier par la révolution et la violence, sans indemnité d'aucune sorte.

A ce propos, une parenthèse :

On a discuté tout à l'heure sur des chiffres, et je n'ai pas été moins étonné que mon ami Barthou du chiffre de 1 500 000 propriétaires fonciers donné par M. Jaurès. M. Jules Guesde, lui, dans le *Programme agricole du parti ouvrier*, daté de 1893, donne des chiffres absolument différents ; il dit, page 7 :

« Les petits propriétaires (de 1 à 5 hectares) sont au nombre de 7 300 000... » sans compter les autres. *(Rires.)*

M. LEYDET. — Combien possèdent-ils d'hectares en tout, monsieur Deschanel ?

AU CENTRE. — Continuez !

M. PAUL DESCHANEL. — Vous le voyez, si l'on n'est pas d'accord sur les idées, on ne l'est pas davantage sur les faits. Et il est bon de rappeler ici en passant qu'il y a en France autant de propriétaires de valeurs mobilières que de propriétaires de terres, et que c'est le seul pays du monde où l'on voie ce phénomène.

M. AYNARD. — C'est vrai ! très bien !

M. PAUL DESCHANEL. — Je continue la citation de M. Jules Guesde. Cela était écrit en 1890.

M. JULES GUESDE. — En 1878 !

M. PAUL DESCHANEL. — Peu importe ! J'ai ici sous les yeux une réédition de 1890, trois ans avant l'apparition de votre programme agricole :

Vous disiez : « Des capitaux qu'il s'agit de reprendre à quelques-uns pour les restituer à tous, les uns, comme la terre, ne sont pas de création humaine, sont antérieurs à l'homme, pour lequel ils sont une condition *sine qua non* d'existence. Ils ne sauraient, par suite, appartenir aux uns à l'exclusion des autres, sans que ces autres soient volés. Et faire rendre gorge à des *voleurs*, les obliger à restituer, a toujours et partout été considéré, je ne dis pas comme un droit, mais comme un devoir, le plus sacré des devoirs. »

Et maintenant, en 1893, on s'adresse aux paysans, on commence la campagne socialiste auprès des populations rurales, et voici le langage qu'on leur tient :

« Travailleurs des campagnes !

» Parce que les socialistes du parti ouvrier entendent restituer à la nation ouvrière mines, chemins de fer, usines, accaparés par les oisifs de la finance, on vous dit que nous voulons enlever au petit cultivateur ce qu'il possède. Les gens qui débitent ces *mensonges* sont les mêmes qui, pendant qu'ils vous excitent contre vos frères, les travailleurs des villes, vous volent vos économies. »

Ces *mensonges*, c'est ce que vous venez d'entendre ! *(Très bien !)*

On a donc deux langages : un pour l'industrie, et un pour l'agriculture. C'est tout à fait, vous le voyez, le personnage de la comédie de Molière : « N'est-ce pas vous qui vous appelez Sganarelle ? — Oui et non, selon ce que vous lui voulez ! » *(On rit.)*

M. LEYDET. — Il n'y a pas besoin de recourir à Molière !

M. PAUL DESCHANEL. — On parlait tout à l'heure de la solidarité des socialistes français avec les socialistes allemands. Assurément, il y a des socialistes qui proclament cette solidarité et qui n'en sont pas moins des patriotes. Pourtant, je leur demanderai s'ils ne voient pas un certain danger dans ces tendances.

On a parlé de Liebknecht. Eh bien, Liebknecht a dit à Halle que « les buts internationaux ne leur faisaient pas oublier leurs devoirs d'Allemands »,

Plusieurs membres à l'extrême gauche. — Pas plus qu'à nous nos devoirs de Français !

M. PAUL DESCHANEL. — Je ne vous dis pas le contraire ; je signale seulement le danger de certaines tendances. Et tenez ! Voici un mot charmant de ce même Liebknecht, en réponse à M. Vaillant, au moment de l'Exposition universelle de 1889. M. Vaillant, en présentant Liebknecht au président du conseil municipal de Paris, lui disait : « Vous voyez devant vous l'Allemagne et la France se donnant le bras. » Et Liebknecht de répondre : « L'Allemagne et la France... de l'avenir ! » *(Mouvements divers.)*

M. JAURÈS *et plusieurs de ses collègues.* — Eh bien ? C'est évident !

M. ROUANET. — C'est la réponse à toutes vos calomnies.

M. PAUL DESCHANEL. — De l'avenir, oui ; mais en attendant !...

Messieurs, s'il y a des divergences d'opinion profondes entre les socialistes, je crois que les divergences ne sont pas moindres entre les socialistes et les radicaux. Il n'est pas, j'en suis sûr, un seul député radical qui n'ait lu avec autant de tristesse que nous les articles de la presse socialiste — y compris *la Petite République fran-*

çaise — soit sur l'entente franco-russe, soit sur le lâche et hideux forfait de Barcelone! *(Vifs applaudissements.)*

Donc, là où vous voyez un parti et même un gouvernement éventuel, nous voyons, nous, des éléments forts disparates.

Mais supposons que je me trompe; voyons maintenant l'autre côté :

M. Chautemps nous a parlé d'un parti à cheval sur le Centre et la Droite, c'est-à-dire la résurrection de cette vieillerie qu'on appelait, il y a vingt ans, à l'Assemblée nationale de Versailles, la conjonction des Centres. Mais, messieurs, pour faire la conjonction des Centres, il faut des Centres ! Or, il n'y a presque plus de « Centre droit », puisqu'il n'y a plus qu'une trentaine de ralliés; et quant au « Centre gauche », en vérité, mes chers collègues, ce n'est plus là qu'un mot, une formule de polémique. *(Très bien! très bien! au centre.)*

M. LAVY. — Les Centres se sont fondus ensemble.

M. PAUL DESCHANEL. — Non : les élections ont tué la politique de la conjonction des Centres, comme elles ont tué la politique de concentration. Ce sont là deux politiques mortes. *(Très bien! très bien!)*

UNE VOIX. — Qu'est-ce qui reste ?

M. PAUL DESCHANEL. — Je vais vous le dire. Si l'axe de la majorité et du gouvernement ne peut être ni dans l'un ni dans l'autre de ces deux groupements, où est-il ?

M. JOURDAN (Lozère). — Il faut le chercher.

M. PAUL DESCHANEL. — Oui, et pour le trouver, il faut nous compter : or, pour bien savoir sur quoi nous sommes d'accord, il faut bien savoir aussi sur quoi nous ne le sommes pas. Pour arrêter un programme commun, nous sommes bien obligés de procéder par élimination. *(Marques d'approbation.)*

Eh bien, quelles sont les questions essentielles, décisives, les points aigus sur lesquels nous sommes séparés, non par des nuances, mais par des divergences irréductibles, sur lesquelles il faut absolument se prononcer par oui ou par non, les questions qu'on pourrait appeler les pierres de touche de la majorité future ? C'est évidemment, dans l'ordre politique, la revision, la suppression du budget des cultes, l'impôt général sur le revenu ; et, dans l'ordre social, la nationalisation des mines, des chemins de fer et de la Banque. Là-dessus, nul biais possible ; on est pour, ou l'on est contre. Une fois que nous serons départagés sur le principe de ces questions vitales, la situation sera singulièrement dégagée et éclaircie ; assurément, nous pourrons encore différer d'opinion sur des points secondaires, tels que, par exemple, le mode d'élection des sénateurs ; mais les partis, du moins, auront leurs limites et leurs cadres ; on sera moins exposé à voir ce désordre fâcheux, d'hommes politiques ayant tout à la fois un pied dans la majorité, — voire même dans le gouvernement, — et un pied dans l'opposition ; de ministres chargés de faire les affaires de la minorité qui vote contre le gouvernement. *(Rires approbatifs.)*

M. Lockroy et M. Chautemps s'attribuent et veulent confisquer à leur profit et au profit de leurs amis l'épithète de « progressistes », et ils nous estampillent, nous, du nom de « conservateurs » ; ils nous représentent uniquement comme une force de résistance.

Eh bien, non ! ce rôle, nous ne l'acceptons pas. Nous ne nous opposons qu'à des mesures qui, au contraire, vont à rebours du progrès politique et social. *(Très bien ! très bien ! au centre.)*

Ainsi, par exemple, lorsque, en cherchant à affaiblir, à mutiler la Présidence de la République et le Sénat, vous tendez à vous rapprocher de votre idéal constitutionnel, l'Assemblée unique... *(C'est cela ! au centre.)*

M. LEYDET. — La souveraineté du suffrage universel !

M. PAUL DESCHANEL. — ... nous ne pouvons plus vous suivre ; pourquoi ? Parce que les progrès de la science politique, l'expérience de tous les grands peuples civilisés, républiques ou monarchies, montrent qu'il n'y a pas de liberté sans contrôle, et point de contrôle sans division du pouvoir législatif; que les droits des minorités, l'indépendance et la stabilité du pouvoir exécutif, et cette souveraineté nationale elle-même dont on vient de parler, ne peuvent être garantis que par l'équilibre de pouvoirs se limitant les uns les autres. A nos yeux, l'omnipotence d'une assemblée est pire encore que celle d'un homme, parce qu'elle est anonyme et irresponsable. *(Applaudissements au centre et sur divers bancs à gauche.)* L'une, d'ailleurs, mène à l'autre. *(Très bien ! très bien ! sur les mêmes bancs.)*

Par conséquent, là où vous voyez un progrès, nous voyons un recul ; là où vous voyez une idée d'avenir, nous voyons une idée morte. *(Très bien ! très bien !)* Et nous sommes surpris que les grands services rendus par la Présidence de la République et par le Sénat dans la crise boulangiste n'aient pas modifié votre opinion. *(Applaudissements au centre et à gauche.)*

M. LEYDET. — Vous voulez nous les faire payer cher !

M. LAVY. — Sans le Sénat, il n'y eût pas eu de crise boulangiste.

M. PAUL DESCHANEL. — Nous aussi, nous souhaitons des modifications profondes dans l'ordre gouvernemental et parlementaire ; mais il n'est pas besoin pour cela de faire mouvoir le lourd appareil du Congrès et de nous jeter dans l'inconnu.

Ah ! si les règles essentielles du gouvernement parlementaire et l'esprit de la Constitution étaient fidèlement observés ; si nous discutions le budget dans la grande session, afin de permettre au Sénat de le discuter sérieusement à son tour *(Interruptions à l'extrême gauche)* ; si nous améliorions notre règlement intérieur, notre mode de travail, notamment en ce qui concerne le rôle des commissions d'initiative et la discussion du budget *(Très bien ! très bien !)* ; si, comme le Parlement anglais, nous avions la sagesse de ne plus démantibuler les budgets que nous apporte le gouvernement par des dépenses d'initiative individuelle sans ressources correspondantes... *(Applaudissements à gauche et au centre.)*

A L'EXTRÊME GAUCHE. — Supprimez la Chambre !

M. PAUL DESCHANEL.—Comment ! « supprimez la Chambre ? » Je suis surpris d'entendre cette interruption au moment même où je parle du Parlement le plus jaloux de ses droits, de ses prérogatives, et du peuple qui, le premier, a fondé la liberté politique dans le monde !

Sur les mêmes bancs. — La Chambre s'est toujours inclinée devant le Sénat.

M. PAUL DESCHANEL. — Vous laissez huit jours au Sénat, chaque année, pour discuter le budget, et vous vous plaignez encore qu'il n'aille pas assez vite !

M. CAMILLE PELLETAN. — La Chambre des lords ne l'examine même pas : il n'y a pas de contrôle !

M. PAUL DESCHANEL. — Je dis que, si nous accomplissions ces réformes, la situation gagnerait singulièrement, au plus grand avantage de tous ; et cela sans revision, sans ajouter à l'instabilité ministérielle l'instabilité constitutionnelle.

Et quant aux attributions financières des deux Chambres,..

A l'extrême gauche. — Oui, parlons-en !

M. PAUL DESCHANEL. — Parfaitement !

... pourquoi donc aller justement prendre modèle sur un État monarchique et aristocratique, où les lords sont héréditaires ou nommés par la Couronne, au lieu de prendre modèle sur des démocraties, des républiques, comme les États-Unis et la Suisse, où les Chambres hautes sont élues, ce qui nous permettrait de régler également cette question sans reviser les lois constitutionnelles ? *(Très bien ! très bien !)*

Il en est de même de l'impôt. Nous aussi, nous voulons égaliser les charges entre la propriété immobilière et la fortune mobilière. Nous aussi, nous voulons atteindre les revenus. Mais il n'est point du tout nécessaire pour cela de recourir à ce système inquisitorial et vexatoire *(Bruit à l'extrême gauche)* que la Révolution française a eu la sagesse d'écarter, qui blesserait à la fois nos mœurs et la justice, et qui, partout où il a été essayé, a été loin de donner les résultats qu'on s'en était promis. *(C'est cela ! — Très bien ! au centre.)*

Nous voulons organiser un système d'impôts assis sur les diverses natures de revenus, et non pas un impôt sur le revenu total, qui provoquerait la dissimulation ou la délation, qui exciterait la jalousie des uns et la vanité des autres.

C'est justement une des conquêtes de la civilisation, de donner à l'impôt des bases fixes, certaines, pouvant être constatées sans inquisition ni violence et, autant que possible, sans débat. De sorte que, quand vous voulez substituer des taxes personnelles aux taxes réelles établies par la Révolution, ce n'est pas un progrès que vous nous proposez, c'est un recul, et c'est parce que nous sommes des progressistes que nous n'en voulons pas. *(Applaudissements au centre et à gauche.)*

De même pour la réforme judiciaire. Nous déplorons, comme vous, qu'au bout de près d'un siècle nous en soyons encore à l'organisation du Consulat, et que la République française ne jouisse d'aucune des garanties libérales dont jouissent, depuis tant d'années, même les monarchies constitutionnelles qui l'entourent ; mais nous repoussons l'élection des juges par le peuple, c'est-à-dire le juge dans la main du justiciable et la politique dans le prétoire. Nous voulons une magistrature indépendante à la fois du justiciable et du gouvernement. *(Applaudissements au centre et à gauche. — Interruptions à l'extrême gauche.)*

M. CAMILLE PELLETAN. — Alors l'exemple des États-Unis n'est plus à suivre?

M. PAUL DESCHANEL. — De même encore pour la question des rapports de l'Église et de l'État. Nous pensons, comme vous, que le clergé ne doit pas s'ingérer dans les affaires politiques et municipales. *(Ah! ah! à l'extrême gauche.)*

Oui, nous sommes aussi soucieux que vous de faire respecter les droits et la suprématie de l'État. Mais, avant de faire un pas en avant, nous voulons être bien sûrs de n'être pas obligés d'en faire deux en arrière. Eh bien, le jour où le gouvernement de la République n'aurait plus le droit de nommer les archevêques et les évêques, où les chefs de l'Église française seraient nommés directement par Rome, et où, d'autre part, le paysan pourrait être gêné dans ses habitudes séculaires et ne plus trouver près de lui, si cela lui plaît, le prêtre pour faire baptiser son enfant, pour se faire marier ou enterrer, n'est-il pas évident que la République aurait une redoutable épreuve à traverser?

Eh bien, nous croyons la mieux servir en allant de préférence aux réformes qui sont de nature à unir et à rapprocher les citoyens, plutôt que de courir justement tout droit aux questions qui les divisent le plus. *(Applaudissements au centre.)*

Et enfin, lorsque vous nous proposez de déposséder les Compagnies de transports et les Compagnies minières au profit de l'État, — certes, je suis loin de trouver, pour ma part, que tout soit pour le mieux dans le régime des Compagnies de chemins de fer, — mais lorsque vous parlez de les exproprier, nous devons naturellement nous demander avec quoi vous les indemniseriez : car vous ne songez pas, je pense, à les exproprier sans indemnité, comme le voudraient faire un certain nombre de socialistes qui siègent ici ?...

M. CAMILLE PELLETAN. — Vous n'avez donc jamais lu les conventions avec les Compagnies de chemins de fer ?

M. PAUL DESCHANEL. — Je viens de vous dire que je suis loin de trouver que tout soit pour le mieux dans le régime des chemins de fer ; mais je vous demande avec quoi vous les indemniseriez ? Avec le budget de l'État, avec l'argent des contribuables, avec l'épargne des travailleurs. Ce sont eux qui payeraient les frais de vos expériences. *(Interruptions à l'extrême gauche.)*

Quant aux ouvriers, nous attendons qu'on nous démontre ce qu'ils y gagneraient. Ils seraient

dirigés par des agents de l'État, par des fonctionnaires, au lieu de l'être par les patrons. Voilà
tout.

Et c'est bien pour cela que M. Jules Guesde
repousse ce programme — je n'ose pas dire le mot
qu'il emploie, je l'adoucirai — comme une « fan-
tasmagorie bourgeoise », bonne « à endormir le
peuple », et qui « ne profiterait en rien aux
ouvriers ». Voilà le jugement de M. Jules
Guesde sur ce qu'on appelle le programme minimum.

M. CAMILLE PELLETAN. — Si vous vous ralliez
à lui, dites-le ! *(Rires à l'extrême gauche.)*

M. PAUL DESCHANEL. — Oui, sur ce point-là !

Par conséquent, ici encore, lorsque nous refusons de vous suivre, ce n'est pas par crainte du
progrès, c'est au contraire parce que nous voulons consolider et poursuivre les progrès que
nous avons réalisés avec tant de peine, depuis six
ou sept ans, dans notre situation financière.

Oui ! voilà les changements auxquels nous nous
opposons ; et voilà pourquoi nous nous y opposons :
c'est parce que nous voulons continuer de marcher de l'avant, comme vous dites, et non marcher à reculons.

Messieurs, ce n'est pas tout, de dire ce que nous

ne voulons pas ; il faut dire aussi ce que nous
voulons. *(Très bien ! très bien !)*

On prétend que notre politique est purement
négative. Non ! A une conception des intérêts
nationaux qui nous paraît funeste nous en opposons une autre qui nous paraît bienfaisante et
qui est toute positive.

Je sais qu'il y a peut-être ici quelques personnes, — oh ! pas toujours sur les bancs où on
le croit, car c'est une chose curieuse, de voir
combien on se méprend souvent, au dehors, sur
nos intentions, sur nos opinions véritables, combien, à travers les polémiques des partis et les
commentaires de la presse, nous sommes défi-
gurés, au point de ne plus pouvoir nous reconnaître nous-mêmes ! — il y a peut-être ici certaines personnes qui disent tout bas : « Que la
Chambre donne au pays, chaque année, un bon
budget, et vote, pendant les quatre ans de la
législature, trois ou quatre bonnes lois d'affaires,
cela suffit ! »

Eh bien, j'avoue que j'ai des ambitions plus
hautes pour la démocratie républicaine et pour
ses représentants. *(Très bien ! très bien ! au centre et
à gauche.)* A mon sens, le meilleur moyen d'épar-
pargner à la France les périls du socialisme révo-

lutionnaire, c'est une politique nettement, hardiment progressiste. *(Très bien! très bien au centre et à gauche.)*

Je viens d'indiquer déjà quelques-unes des réformes qui nous paraissent les plus urgentes, dans l'ordre parlementaire, financier, fiscal, judiciaire. Mais combien d'autres grandes questions nous pressent de toutes parts !

Je n'ai pas à revenir sur ce qu'a si bien dit mon honorable ami M. Barthou, ni sur le texte de la déclaration ministérielle ; mais vous me permettrez d'y ajouter quelques mots.

Nous avons d'abord à affermir notre puissance financière, car c'est maintenant, entre les grands États de l'Europe, une guerre, non à coups de canon, mais à coups d'argent. C'est à qui tiendra le plus longtemps. Il faut que la France soit en mesure de résister plus longtemps que les autres. Notre organisation militaire elle-même est subordonnée à notre prospérité financière. Il nous faut donc achever l'unification budgétaire et, s'il se peut, reconstituer l'amortissement, afin de commencer à éteindre notre énorme dette de trente milliards. Voilà la clef des réformes fiscales et sociales. *(Très bien! très bien! à gauche et au centre.)*

Notre système d'impôt date du commencement

du siècle ; il a été fait à une époque où l'on ne connaissait guère d'autre signe de la richesse que la terre, où l'on ne pouvait prévoir ni l'énorme développement de la fortune mobilière et du crédit, ni les progrès nouveaux de la science. Il nous faut donc alléger les charges qui pèsent sur la propriété immobilière, soit par la transformation de l'impôt foncier, soit par la réduction des droits de mutation entre vifs ; déduire les dettes du calcul des successions ; dégrever les petites successions ; reviser la contribution personnelle et mobilière et supprimer celle des portes et fenêtres ; accomplir enfin la réforme de l'impôt des boissons et aborder celle des octrois .. *(Très bien ! très bien ! à gauche et au centre.)*

M. CRÉMIEUX. — Et c'est ainsi que vous amortirez ?

M. PAUL DESCHANEL. — Puis, nous devons réorganiser notre système hypothécaire ; organiser les assurances et le crédit agricoles. *(Très bien ! très bien !)*

N'est-il pas possible aussi de simplifier ce système administratif, le plus lourd de l'Europe, et de réaliser toute la somme de décentralisation compatible avec l'unité politique de la France et l'autorité nécessaire du pouvoir central ? *(Très bien ! très bien ! au centre et à gauche.)*

Nous devons élaborer une législation nouvelle sur les associations ; achever la refonte de notre code d'instruction criminelle et de notre code pénal ; corriger nos institutions pénitentiaires, et y faire cesser l'émiettement des responsabilités et des pouvoirs ; reviser notre procédure civile, qui n'est aujourd'hui encore, après plus de deux siècles, qu'une nouvelle édition des traditions de Pussort et de l'ordonnance de 1667 ; rendre la justice moins lente et moins coûteuse ; améliorer notre organisation consulaire, afin de transformer nos consuls, de diplomates, qu'ils sont trop souvent, en agents commerciaux, qu'ils devraient être ; créer des institutions ayant pour objet d'encourager les jeunes gens à aller à l'étranger et aux colonies pour ouvrir des débouchés à l'industrie française ; développer l'enseignement professionnel et technique ; enfin, voter les lois depuis longtemps à l'étude sur les caisses d'épargne, les habitations ouvrières, la santé publique ; développer les sociétés de secours mutuels ; réorganiser nos caisses de retraites et notre système d'assistance, afin de garantir de plus en plus les travailleurs contre le chômage, les accidents, la maladie, les misères de la vieillesse. *(Très bien ! très bien ! à gauche et au centre.)*

Enfin, on a parlé de la loi des syndicats. Oui, certes, le principe de cette loi est excellent; on ne pouvait priver l'ouvrier français de cette liberté d'association dont jouissaient déjà depuis près d'un siècle l'ouvrier anglais et l'ouvrier américain. Mais, prenez garde! si vous ne leur donnez pas en même temps le droit d'acquérir et de posséder, comme en Angleterre et aux États-Unis, de façon que les ouvriers puissent se créer à eux-mêmes leurs caisses de secours sans intervention de l'État, ne craignez-vous pas que ces syndicats ne deviennent des foyers d'agitation révolutionnaire au lieu de devenir des corps conservateurs dans le véritable sens du terme, c'est-à-dire propriétaires ? *(Très bien! très bien!)*

Voilà, quant à moi, l'amendement que je demanderais à ajouter à cette loi. *(Très bien! très bien! au centre et à gauche.)*

Tel est, messieurs, notre programme de réformes.

Et c'est là ce qu'on appelle une politique négative, une politique de *statu quo*, d'inertie, de sommeil? C'est là ce qu'on appelle « piétiner sur place? »

N'y a-t-il pas là un plan de travail à la fois très large et très pratique, non seulement pour une, mais pour plusieurs législatures? *(Bruit et interruptions à l'extrême gauche.)* Est-ce que vraiment ceux-là seuls méritent le nom de progressistes, qui voudraient nous ramener à cette vieillerie de l'Assemblée unique, à des formes d'impôt détestables et impopulaires, ou qui veulent mettre sur tout la lourde main de l'État et augmenter encore la bureaucratie et le fonctionnarisme?

Il y a un fait qui devrait, ce me semble, vous faire réfléchir : c'est l'attitude de vos collègues du parti radical, toutes les fois qu'ils siègent au banc des ministres.

Est-ce que ce n'est pas un fait considérable, de nature à produire une vive impression sur l'opinion publique, que les hommes du parti radical, toutes les fois qu'ils arrivent aux affaires, suivent précisément la politique que nous n'avons cessé de défendre, eux qui la combattaient la veille, et que leur programme tombe en poudre au contact des réalités du pouvoir? Nous sommes heureux d'accueillir ces brillantes recrues, et nous sommes convaincus que leur conversion est définitive! *(Très bien! très bien! et rires au centre et à gauche.)*

M. MILLERAND. — Vous êtes dur !

M. GAMARD. — Il y a longtemps que l'on sait

qu'un radical ministre n'est pas un ministre radical.

M. PAUL DESCHANEL. — Enfin, d'où vient donc cette accusation de modérantisme à outrance qu'on nous jette sans cesse à la tête? Il me semble pourtant que nos amis ont une assez belle part dans l'histoire de ces quinze dernières années! Et quand les a-t-on vus moins fermes que les autres dans les crises? Comment se fait-il donc qu'on se plaise à nous représenter comme une sorte d'arrière-garde de l'armée républi-caine, comme des traînards que le moindre progrès effarouche et qu'on est toujours obligé de remorquer?

Messieurs, il faut rappeler ces choses; il est bon de les rappeler surtout devant nos nouveaux collègues, devant ceux qui siègent pour la pre-mière fois sur ces bancs:

Il y a eu dans la dernière législature quelques républicains qui ont eu la témérité grande de s'élever, non contre des vues d'avenir, non contre des réformes utiles, mais contre ce dilettantisme funeste qui consistait à culbuter tous les minis-tères et à user tous les meilleurs serviteurs de la République et de la patrie. *(Très bien! très bien! au centre et à gauche.)*

Et alors, qu'est-il arrivé? C'est qu'on a employé contre nous la vieille tactique qui fait toujours des dupes, celle-là même avec laquelle on a combattu dans le Var notre honorable collègue M. Jourdan; il n'est pas suspect, lui, puisqu'il siège sur les bancs des socialistes... (*Vives exclamations sur quelques bancs à l'extrême gauche.*)

M. ROUANET. — Gardez-le pour vous! (*Bruit.*)

M. JOURDAN (Var). — Jamais le parti socialiste n'aura l'occasion de me répudier. (*Mouvements divers.*)

M. PAUL DESCHANEL. — Pourtant, quand il arrivait dans les réunions publiques, ses adversaires agitaient devant lui des chapelets, des scapulaires, des bénitiers; on l'appelait « le candidat des curés ». Eh bien, c'est exactement la même tactique qu'on a employée contre nous. On nous a dit : « Ah! vous ne voulez pas de la politique de l'extrême gauche : c'est donc que vous voulez aller à droite! Ah! vous ne voulez pas de la politique radicale : c'est donc que vous voulez une politique cléricale! Ah! vous dites que la concentration républicaine n'a plus de raison d'être : c'est donc que vous voulez y substituer la conjonction des Centres! » Autant de mots, autant de sophismes! C'est ainsi que, d'une part, on travestit nos opinions, on dénature nos intentions, on essaye de nous rendre suspects à la démocratie, et que, d'autre part, on fait appel, chez tous les esprits indécis, à ce respect humain, à ce faux point d'honneur, qui mène à toutes les faiblesses et à toutes les capitulations : la peur de ne pas paraître assez avancé ! *(Vifs applaudissements au centre et sur divers bancs à gauche.)*

Voilà, messieurs, les deux politiques, voilà les deux programmes en présence. Eh bien, s'il m'est permis, au moment de descendre de cette tribune, d'exprimer un vœu, c'est que nous puissions le plus tôt possible nous compter loyalement, non sur des mots, mais sur des choses, non sur quelque ordre du jour plus ou moins vague, plus ou moins équivoque, qui laisserait tout en suspens, mais sur le principe des questions maîtresses qui nous divisent ; et que, là où sera la majorité, soit dans un sens, soit dans l'autre, là soit réellement le pouvoir ! *(Applaudissements répétés au centre et à gauche. — L'orateur, en retournant à son banc, reçoit les félicitations d'un grand nombre de ses collègues.)*

LA REVISION DE LA CONSTITUTION

DISCOURS PRONONCÉ A LA CHAMBRE DES DÉPUTÉS

le 12 mars 1894.

Messieurs,

L'éminent orateur qui descend de la tribune [1] ne doit pas, j'imagine, se faire de grandes illusions sur l'issue de ce débat. Il disait tout à l'heure qu'il ne savait pas le nombre de députés qui ont inscrit la revision dans leur programme aux élections dernières. Il n'y en a que 170 environ, — ce qui prouve que la revision ne répond pas à un vœu général et pressant de l'opinion publique. *(Réclamations à l'extrême gauche. — Très bien! très bien! au centre et sur divers bancs à gauche.)*

1. M. Goblet.

Mais on comprend très bien à quelles préoccupations l'honorable M. Goblet a obéi en soulevant de nouveau cette question devant la Chambre. Depuis le commencement de cette législature, il a vu se produire dans son parti les divergences qu'il était aisé de prévoir : par exemple, entre la propriété individuelle et le collectivisme, entre l'internationalisme et l'idée de patrie, entre le respect de la légalité et la glorification de la Commune, entre le drapeau tricolore et le drapeau rouge. *(Très bien! très bien! sur les mêmes bancs.)*

Au lieu de l'armée compacte, disciplinée qu'il avait rêvée, il s'est trouvé en présence de troupes très diverses d'origine et de tendances. Et alors, pour les ramener à une sorte de cohésion, d'unité apparente, il lui fallait un mot de ralliement; il fallait une formule tout à la fois assez élastique, et aussi assez vague, assez obscure *(Rumeurs à l'extrême gauche.)* pour permettre à des doctrines toutes différentes de se rencontrer et de se confondre, et pour permettre à l'opposition de réunir son maximum de voix. La revision, où chacun met ce qu'il veut, et qui ouvre des perspectives de toutes sortes, était indiquée ; il l'a saisie. *(Très bien ! très bien ! au centre et sur divers bancs à gauche.)*

Mais c'est à nous de faire toucher du doigt ce qu'il y a sous ce mot.

L'honorable M. Goblet vient de rappeler que la Constitution de 1875 a été votée tout à la fois par des monarchistes constitutionnels et par des républicains. Cela est vrai. Mais ce qu'il n'a pas ajouté, c'est que ces monarchistes, aussi bien que ces républicains, n'avaient pas cessé de combattre l'Empire ; c'est qu'ils avaient été élus à l'Assemblée nationale en pleine invasion ; et que cette Assemblée, si divisée sur tout le reste, était unanime sur un point, un seul : la haine du pouvoir personnel et l'horreur des maux qu'il avait déchaînés sur la France. *(Très bien! très bien!)* C'est parce qu'ils étaient effrayés par la résurrection menaçante du bonapartisme...

M. JULES GUESDE. — « Élue dans un jour de malheur ». Voilà le titre que cette Assemblée portera dans l'histoire !

M. PAUL DESCHANEL. — C'est parce qu'ils étaient effrayés par la résurrection menaçante du bonapartisme, qui, profitant de leurs échecs, commençait à recueillir leur clientèle, que les monarchistes se décidèrent à rédiger une Constitution. *(Interruptions à l'extrême gauche.)*

M. JULES GUESDE. — Faire l'apologie de

l'Assemblée de Versailles en 1894, dans une Assemblée républicaine, il n'y a pas de honte pareille !

M. LE PRÉSIDENT. — Monsieur Guesde, je vous rappelle à l'ordre.

M. PAUL DESCHANEL. — Je ne fais pas une apologie, je rappelle un fait.

On peut dire, en toute vérité, qu'en votant la Constitution de 1875, l'Assemblée nationale voulut prévenir le retour des malheurs d'où elle était née. (*Bruit à l'extrême gauche.*)

En effet, messieurs, je ne veux pas entrer dans le détail des choses, ce n'est pas le moment ; mais prenez seulement les deux ou trois pièces maî-tresses de ce mécanisme constitutionnel, partout vous trouverez la trace du même souci.

Ainsi, par exemple, comme la Constitution de 1848, en plaçant en face l'un de l'autre deux pouvoirs rivaux, l'un qui avait le droit, l'Assem-blée, l'autre qui avait la force, le Président, condamnait fatalement celle qui avait le droit à succomber sous celui qui avait la force, l'Assem-blée nationale ôta l'élection du Président de la République au suffrage universel pour la donner au Congrès.

Comme, d'autre part, le régime d'une Assemblée

unique nous avait conduits deux fois au despotisme, qui lui-même nous avait menés trois fois à l'invasion et au démembrement... *(Vifs applaudissements au centre et sur divers bancs à gauche.)*

M. LEYDET. — Il y avait deux Chambres au 18 Brumaire !

M. LE PRÉSIDENT. — Monsieur Leydet, n'interrompez pas !

M. PAUL DESCHANEL. — Eh ! mon cher collègue, je n'oublie pas que le 18 Brumaire s'est produit sous le régime de la Constitution de l'an III, qui avait établi deux Chambres...

M. MAURICE FAURE. — C'est le Sénat d'alors, c'est-à-dire le Conseil des Anciens, qui a rendu possible le 18 Brumaire.

M. PAUL DESCHANEL. —Mais ce que je voulais dire — et ce qui ne me paraît pas contestable — c'est que le 18 Brumaire a été le contre-coup des excès de la Révolution. *(Interruptions.)*

Et c'est pour cela que l'Assemblée nationale emprunta le principe de la dualité des Chambres au droit commun de tous les grands peuples civilisés, — et non pas seulement des monarchies, comme le disait M. Goblet, mais de toutes les républiques du globe.

Puis, comme il peut arriver que la Chambre

des députés ne soit plus d'accord avec le pays, ou
que, n'ayant pas de majorité, elle soit impuissante à constituer un gouvernement, on établit le
droit de dissolution. Mais, tandis que dans
certains États monarchiques, ce droit n'est qu'une
arme aux mains du souverain, qui l'exerce seul
en cas de conflit entre lui et le Parlement, ici,
au contraire, le droit de dissolution, partagé
entre le Président de la République et le Sénat,
fut établi plutôt comme une soupape de sûreté,
comme un instrument de détente, comme un
moyen de rendre au pays la liberté et la parole,
en cas de différend entre lui et la Chambre.
*(Très bien! très bien! au centre et sur divers bancs
à gauche.)*

M. JULES GUESDE. — Vous oubliez ce qui s'est
passé au 16 Mai.

M. PAUL DESCHANEL. — Ç'a été justement un
des effets les plus regrettables du 16 Mai, d'avoir
faussé aux yeux du pays la physionomie de ce
droit.

M. JULES GUESDE. — Ç'a été l'application de
la Constitution.

M. PAUL DESCHANEL. — M. Goblet disait tout
à l'heure que le droit de dissolution est une
attribution d'essence monarchique.

Mais ne pense-t-il pas que, si quelque chose est particulièrement favorable à l'éclosion du pouvoir personnel, ce sont les divisions, les convulsions d'une Chambre sans majorité, comme celle de 1885, par exemple, d'où est né le boulangisme, et qui, à mon avis, aurait dû être dissoute? Et combien le péril eût-il été plus grave encore si une telle Assemblée avait concentré dans ses mains tous les pouvoirs! *(Applaudissements à gauche et au centre.)*

Enfin, le droit de déclarer la guerre, et la signature des traités de paix et des traités de commerce, furent subordonnés au vote préalable des Chambres.

Telles sont les grandes lignes de cette Constitution; tel en est le caractère, qui s'explique par son origine; c'est, en quelque sorte, un ouvrage de défense combiné contre un retour possible du pouvoir personnel.

Vous dites qu'elle a été le résultat d'un compromis entre des principes différents, entre des partis adverses. Eh! mon Dieu, oui! Mais ce n'est pas là un cas unique dans l'histoire. La Constitution fédérale des États-Unis, par exemple, a été, elle aussi, comme notre Constitution de 1875, l'œuvre — comment dirai-je? — d'adver-

saires résignés et de partisans à demi découragés
de la forme de gouvernement qu'il s'agissait
d'établir. Ce ne fut, là-bas aussi, qu'après une
longue série de conflits, de transactions, de sacri-
fices mutuels, que les partisans de la prérogative
des États d'une part, et, d'autre part les admi-
rateurs des institutions anglaises, finirent par se
mettre d'accord sur un texte qui ne les satis-
faisait complètement ni les uns ni les autres. Et,
qui sait? c'est peut-être justement pour cela,
parce que cette Constitution, au lieu d'éclore en
un jour du cerveau d'un homme ou de la théorie
d'une École, est sortie lentement, laborieusement,
de la force des choses, de la nécessité historique,
des entrailles mêmes de la réalité, c'est peut-être
pour cela qu'elle a duré et qu'elle s'est prêtée
ensuite, avec une élasticité merveilleuse, aux dé-
veloppements les plus imprévus de cette gigantesque démocratie. *(Applaudissements au centre.)*

Eh bien, il en a été absolument de même de
notre Constitution de 1875 en France.

En somme, elle a, à nos yeux, un mérite essentiel : elle a duré. Elle a duré plus longtemps
que toutes celles qui l'avaient précédée depuis un
siècle; elle a permis à la France de se relever;
elle a résisté aux plus rudes assauts ; et elle nous

a épargné la dégradation de je ne sais quel Bas-Empire ! *(Applaudissements au centre et sur divers bancs à gauche.)*

M. MARCEL HABERT. — Elle ne nous a pas épargné Panama en tout cas, monsieur Deschanel ! *(Bruit au centre.)*

M. PAUL DESCHANEL. — La voilà, cette Constitution, et voilà les services qu'elle nous a rendus. Et maintenant, que nous propose-t-on ?

Nous voici en présence de deux propositions principales : celle de M. Goblet — à laquelle se rattache celle de M. Bourgeois (du Jura), — et celle de M. Naquet.

Un mot, d'abord, sur la première.

Votre idéal, votre but, nous le connaissons, et vous n'en faites pas mystère : c'est l'Assemblée unique.

A GAUCHE. — Mais non !

M. PAUL DESCHANEL. — Je vous demande pardon ! C'est la suppression de ce Sénat et de cette Présidence où vous voyez des restes d'institutions monarchiques, comme si, en vertu de je ne sais quel principe abstrait ou de je ne sais quelle superstition historique, la République française devait être nécessairement différente de toutes les républiques des deux mondes.

6.

M. MILLERAND. — Des républiques fédératives.

M. PAUL DESCHANEL. — Cette suppression, vous ne la demandez pas, ou plutôt vous ne la demandez plus. Et, en effet, nous concevons assez votre embarras, dans un moment où quelques-uns de vos meilleurs amis, de ceux-là mêmes qui, pendant toute leur vie, avaient combattu avec le plus d'acharnement l'institution du Sénat, ne dédaignent pas d'y chercher sur le tard un abri contre la mauvaise fortune. *(Très bien! très bien! et rires au centre. — Bruit.)*

Non! vous ne demandez plus la suppression pure et simple du Sénat et de la Présidence, mais vous essayez de nous y amener par des voies plus ou moins indirectes, plus ou moins lentes. Vous voudriez, en attendant qu'on les supprime, les affaiblir, les mutiler. Vous nous proposez de réduire les attributions du Sénat à un simple droit de remontrance, de veto suspensif, et cela, comme l'a dit M. Goblet, parce que le Sénat est un obstacle permanent à toutes les lois démocratiques. Ce n'est pas des lois sur l'enseignement que vous voulez parler? Ce n'est pas des lois sur l'armée?

M. LEYDET. — Mais si, monsieur Deschanel.

Je dis que la loi sur l'armée...

M. LE PRÉSIDENT. — Vous n'avez rien à dire en ce moment.

M. LEYDET. — Je demande la parole.

M. LE PRÉSIDENT. — Je vous inscris. Procédez toujours ainsi, cela vaudra beaucoup mieux que d'interrompre. *(On rit.)*

M. PAUL DESCHANEL. — J'ai saisi l'interruption, je vais y répondre.

M. LEYDET. — Non, je vous en prie, n'y répondez pas puisqu'on m'a empêché de la faire.

M. PAUL DESCHANEL. — Je me suis mal exprimé sans doute; je faisais allusion à la loi principale sur l'armée. Ce n'est pas non plus des lois économiques, — de la loi sur les syndicats, par exemple, — que vous voulez parler, ou de la liberté de la presse, ou de la liberté de réunion, ou de la loi sur le divorce?

M. ALFRED NAQUET. — Pardon, c'est de la loi sur le divorce.

M. PAUL DESCHANEL. — Le Sénat l'a votée comme les autres.

Alors, quelles sont donc celles qu'il a repoussées?

Pendant la législature de 1885 à 1889, il a rejeté trois projets de loi d'intérêt général votés par la Chambre : le projet financier de M. Peytral, alors ministre des finances, sur le changement de date de l'ouverture de l'année financière, — et je me rappelle que M. Léon Say, alors sénateur, qui s'était prononcé antérieurement pour le principe de cette réforme, ne s'y est opposé à ce moment que parce que la réforme était insuffisamment étudiée et imparfaitement conçue, — puis le projet sur le dédoublement des conseillers généraux des cantons au-dessus de 20 000 habitants, et un projet relatif à une convention commerciale entre la France et la Grèce. Voilà tout.

Pendant la législature de 1889, le veto du Sénat s'est exercé sur certains points des projets relatifs aux syndicats professionnels ; mais il faut dire que le Sénat est saisi de deux propositions de loi comportant des modifications à la loi de 1884.

M. MILLERAND. — Le Sénat repousse cette loi. C'est une plaisanterie !

M. PAUL DESCHANEL. — On objecte que, quand le Sénat ne veut pas repousser une loi, il attend l'expiration de la législature afin que cette loi devienne caduque.

M. BASLY. — Et la loi sur les accidents ?

M. PAUL DESCHANEL. — Or, les propositions votées par la Chambre de 1885 qui n'ont pas reçu de solution au Sénat sont : une modification à la loi sur l'organisation de l'armée ; une proposition relative au contrat de louage des ouvriers ; une proposition relative à l'engagement des fils d'étrangers. Mais la Chambre pouvait empêcher ces lois de devenir caduques en les reprenant ; elle ne l'a point fait.

Enfin, les projets légués au Sénat par la Chambre de 1889 ne lui ont été transmis que dans le courant de l'année dernière, et nous avions mis ici plusieurs années à les élaborer. La dernière Chambre a laissé sept ou huit cents propositions non achevées. De sorte que, comme on l'a dit spirituellement, les catacombes du Luxembourg ne sont rien auprès des oubliettes du Palais-Bourbon ! *(Interruptions et rires.)*

A L'EXTRÊME GAUCHE. — Supprimez la Chambre, alors !

M. PAUL DESCHANEL. — Ce n'est pas tout : il est tout un ordre de questions très graves où les plus hardis d'entre vous ne veulent même pas laisser au Sénat ce simple droit de remontrance, de veto suspensif : c'est en matière financière, c'est quand il s'agit de dépenses et d'emprunts.

Eh bien, il me semble, au contraire, que c'est justement là, en matière d'emprunts et de dépenses, que le contrôle d'une Assemblée plus mûre, plus calme que la nôtre *(Interruptions à l'extrême gauche)* et qui ne soit pas soumise, comme elle, à la pression directe des exigences électorales... *(Nouvelles interruptions sur les mêmes bancs. — Applaudissements à gauche et au centre.)*

M. MILLERAND. — Très bien ! C'est le règne du suffrage universel.

M. PAUL DESCHANEL... il me semble que c'est surtout là qu'un tel contrôle est utile !

Et je m'étonne, encore une fois, que vous qui êtes des républicains et des démocrates, vous alliez chercher sur cette question des attributions financières des Chambres vos exemples et vos leçons, où cela ? dans des républiques, ou dans des monarchies constitutionnelles qui se rapprochent de la démocratie ? Non : dans une monarchie aristocratique ! *(Très bien ! très bien ! au centre.)*

On comprend très bien qu'en Angleterre, où les lords sont héréditaires ou nommés par la Couronne, et où l'initiative des dépenses appartient exclusivement au ministère, le dernier mot en matière budgétaire appartienne aux représentants des contribuables, c'est-à-dire à la Chambre des communes ; mais dans les États où les hautes Chambres sont élues et où l'initiative des dépenses appartient aux députés en même temps qu'aux ministres — en Belgique, en Suisse, aux États-Unis, — il n'en est pas ainsi. *(Interruptions.)*

M. LE PRÉSIDENT. — Messieurs, l'orateur est ici pour exprimer son opinion et non la vôtre. Voulez-vous rectifier à chaque instant sa manière de voir les choses ?

M. PAUL DESCHANEL. — En Suisse, le différend budgétaire entre les deux Chambres est réglé par le *statu quo*, et aux États-Unis par une commission mixte.

Par conséquent, la théorie financière que vous vous efforcez de faire prévaloir est empruntée aux traditions d'un pays monarchique et aristocratique, et la théorie financière que vous repoussez et que nous défendons est celle de pays démocratiques et républicains. Voilà la réalité. *(Très bien ! très bien ! à gauche.)*

Vous dites que les conflits budgétaires qui se sont produits en ces dernières années entre les deux Chambres nous ont parfois retardés au point de nous acculer à la nécessité des douzièmes provisoires. Était-ce donc la faute du Sénat si certaines Chambres qui ont précédé celle-ci, tout occupées à des interpellations stériles, à des agitations vaines, à des renversements de ministères, n'envoyaient le budget au Sénat qu'à la dernière heure de la législature, ou même après l'année écoulée, — ce qui est également contraire et aux lois constitutionnelles et aux convenances? Rien ne nous empêche de discuter et de voter le budget dans la grande session : ce n'est pas là affaire de revision, de Constituante ou de Congrès ; c'est affaire de bonnes mœurs politiques, de bonne volonté. *(Très bien ! très bien ! au centre — Interruptions sur divers bancs à gauche.)*

M. CAMILLE PELLETAN. — Et d'abdication !

M. PAUL DESCHANEL. — L'honorable M. Goblet a parlé tout à l'heure en termes éloquents du gouvernement parlementaire. Déjà, dans l'intéressante brochure qu'il a publiée l'année dernière sur *la Revision de la Constitution*, il avait fait connaître sa conception de cette forme de gouvernement :

« Nous voulons, écrivait-il, le gouvernement du pays par le pays, et ne voyons pas d'autre moyen de le réaliser réellement que par la constitution d'une République parlementaire, c'est-à-dire la nation se gouvernant elle-même par des représentants librement élus et le pouvoir exécutif ramené au rôle d'agent d'exécution. »

De même, il a dit tout à l'heure : « Un pouvoir exécutif subordonné ».

Et il ajoutait :

« Nous ne sommes pas surtout de ceux qui, par une étrange équivoque, confondant l'administration avec le gouvernement, placent le gouvernement dans le pouvoir exécutif. »

Ainsi, voilà bien la pensée de l'honorable M. Goblet et de son parti ; et voilà bien, en effet, ce que nous avons vu souvent se réaliser sous nos yeux depuis quinze ans : le gouvernement dans la Chambre ; le ministère attendant ou recevant l'impulsion du moteur parlementaire ; les ministres simples agents d'exécution, et, comme il le dit,...

M. CAMILLE PELLETAN. — C'est la Constitution actuelle.

M. PAUL DESCHANEL. — ...simples commis de l'Assemblée. *(Interruptions à l'extrême gauche.)*

Et c'est là ce que vous appelez le gouvernement parlementaire !

UNE VOIX A GAUCHE. — C'est le gouvernement démocratique.

M. CAMILLE PELLETAN. — C'est celui de l'Angleterre.

M. PAUL DESCHANEL. — C'est là cet instrument ingénieux et souple, qui a brillé d'un si vif éclat et qui a rendu tant de services, soit dans la paix, soit dans la guerre, aux peuples les plus différents, aux peuples latins aussi bien qu'aux peuples anglo-saxons; qui a permis à l'Angleterre de fonder la liberté politique tout en portant sa puissance sur toute l'étendue de la planète; qui a permis à un Cavour de poursuivre l'unité de sa patrie à travers les agitations du gouvernement de discussion et les orages de la liberté; qui a permis au premier des Casimir-Perier de sauver l'ordre sans porter atteinte ni à la liberté ni aux lois ! *(Vifs applaudissements à gauche et au centre.)*

Non ! ce n'est pas là l'esprit du gouvernement parlementaire; c'est l'esprit du régime Conventionnel ! *(Exclamations à l'extrême gauche.)*

Vous dites : « A l'Assemblée le gouvernement; au ministère l'exécution ! » Et nous, nous disons : « Au ministère le gouvernement; aux Chambres le conseil et le contrôle ! » *(Applaudissements sur divers bancs à gauche et au centre. — Nouvelles interruptions à l'extrême gauche.)*

M. GROUSSIER. — L'obéissance passive !

M. PAUL DESCHANEL. — Nos doctrines constitutionnelles sont donc absolument différentes, et il est bon, il est utile qu'elles soient posées ici l'une en face de l'autre, à la lumière de cette tribune, devant le pays. *(Très bien ! très bien !)* Car, si l'on a pu émettre un jour ici la théorie du bloc en ce qui regarde la série des événements historiques ou plutôt leur extraordinaire amalgame dans la fournaise révolutionnaire, il est évident que cette théorie serait un non-sens en ce qui regarde les idées maîtresses, les maximes directrices qui se sont disputé l'âme de la Révolution et qui se disputent aujourd'hui encore l'âme de notre société contemporaine. *(Très bien !)*

J'espère ardemment, comme vous, — et ici nous sommes bien d'accord, — qu'il n'y a plus de place désormais dans notre pays pour je ne sais quelle troisième politique, politique d'expédients, incohérente, médiocre et louche, qui a essayé trop longtemps de louvoyer entre ces principes contradictoires et inconciliables. Il faut désormais choisir : en fait de doctrines, le bloc est en poudre ! *(Applaudissements à gauche et au centre. — Bruit.)*

M. Bourgeois et M. Goblet ont parlé également

de la souveraineté nationale, du gouvernement du pays par le pays. Et là-dessus aussi, messieurs, je demande à m'expliquer : car, une fois que certaines idées ont été portées à cette tribune, il importe d'y répondre immédiatement. Il me paraît qu'il se fait là dans l'esprit de nos collègues une confusion manifeste. En effet, qui dit souveraineté nationale, gouvernement du pays par le pays, ne dit pas — et ne peut pas vouloir dire — omnipotence de la moitié des votants plus un à un jour donné. *(Applaudissements ironiques sur plusieurs bancs à gauche. — Mouvements divers.)*

M. JOURDE. — Vous laissez dire cela, monsieur le Président ? C'est la négation de la validité de toutes les lois que nous votons à une voix de majorité.

M. LE PRÉSIDENT. — Vous vous jetez sur un mot. Attendez donc que l'orateur ait développé toute sa pensée.

M. PAUL DESCHANEL. — Je crains, en effet, que l'interrupteur ne m'ait pas bien compris.

Ce mot « souveraineté nationale » ne peut pas vouloir dire omnipotence de la moitié des votants plus un à un jour donné. *(Interruptions.)*

En effet, est-ce que, en face du droit des majorités, il n'y a pas le droit des minorités ? Est-ce que, au-dessus de la volonté présente de telle ou telle génération éphémère, il n'y a pas tout cet ensemble d'intérêts permanents, de traditions, d'efforts, d'idées, de gloire, qui constitue une nation ? *(Mouvement.)*

M. MAURICE FAURE. — Le bloc monarchique.

M. PAUL DESCHANEL. — Or, n'est-il pas évident qu'il y a une antinomie redoutable entre les courants passionnés et brusques du Suffrage universel, qui toujours cherche des solutions plus ou moins absolues sur des questions toutes relatives, — cet esprit français enfin, qu'on pourrait définir en deux mots : logique et mobilité, — et, d'autre part, les desseins suivis, les combinaisons à longue échéance,... *(Rumeurs à l'extrême gauche. — Parlez ! parlez !)*

M. AVEZ. — Qui appréciera ?

M. LE PRÉSIDENT. — Pour apprécier, il faut d'abord écouter.

M. PAUL DESCHANEL — ... et, d'autre part, les desseins suivis, les vues d'avenir, indispensables non seulement à la puissance et à la grandeur, mais même à l'indépendance d'un grand pays tel que le nôtre dans l'état présent de l'Europe ? Il s'agit donc, — et c'est là le problème aigu, le problème vital de notre âge, et ce problème, vous ne paraissez même pas vouloir le regarder ! — il s'agit de concilier ces intérêts actuels, assurément très respectables, mais enfin d'un rayon nécessairement circonscrit, ces vues momentanées, accidentelles, des générations qui passent, surtout sensibles, — et cela est naturel, — à leurs besoins immédiats, peu disposées à s'imposer de dures contraintes en vue d'avantages lointains, il s'agit de concilier ces vues contingentes, non pas avec je ne sais quels intérêts oligarchiques, avec je ne sais quels intérêts de classe, dont parlait tout à l'heure éloquemment notre éminent collègue, mais avec les intérêts durables de la patrie même, dont nous sommes bien obligés... (*Applaudissements.*)

M. PAUL DOUMER. — C'est la théorie orléaniste, cela.

M. PAUL DESCHANEL — ... dont nous sommes bien obligés, si nous ne voulons pas les laisser péricliter dans nos mains, de confier la garde à ces institutions complémentaires moins instables, que vous voulez détruire et que nous voulons conserver ! Ce délicat problème, comment les solutions radicales de la logique pure, qui, sous prétexte de tirer d'un principe toutes ses conséquences, aboutit au jacobinisme et ensuite au césarisme, pourraient-elles se flatter de le résoudre ?

La meilleure des Constitutions est celle qui garantit le mieux un peuple contre les maux inhérents à son état social et à son tempérament.

Dans les monarchies, il s'agit de tempérer l'action du prince, afin d'empêcher le despotisme. Dans les oligarchies, il faut se défendre contre l'esprit de caste et contre les privilèges des classes dirigeantes. Dans les démocraties, l'intérêt même du peuple exige des garanties contre sa propre mobilité. *(Très bien ! très bien ! au centre.)*

Toute Constitution qui ne se met pas en garde contre les excès de son propre principe y trouve sa ruine. Tout pouvoir qui ne se limite pas lui-même est destiné à périr. *(Très bien ! très bien !)*

Telles sont, messieurs, les raisons de fait et de doctrine pour lesquelles nous nous opposons à la proposition de revision de M. Goblet et aux propositions analogues de ses amis.

Il y en a une autre, toute différente : celle de M. Naquet.

Ah ! M. Naquet n'a pas toujours défendu les mêmes idées !

En 1875, à l'Assemblée nationale, il soutenait

la doctrine radicale; il en était encore à croire que le meilleur moyen d'assurer la souveraineté du peuple est d'en remettre tous les pouvoirs à une Assemblée omnipotente. M. Naquet défendait alors les idées que M. Goblet défend aujourd'hui, de même que nous défendons aujourd'hui les idées que M. Goblet défendait alors. *(On rit.)*

M. FERNAND DE RAMEL. — C'est ce qu'on appelle la suite des idées dans le gouvernement.

M. PAUL DESCHANEL. — Mais, avec cette grande comédie politique du boulangisme qui a failli tourner au drame, M. Naquet nous réservait plus d'une surprise : car, de même que nous avons eu *les Surprises du divorce,* nous avons eu aussi *les Surprises de l'auteur du divorce !* *(On rit.)*

Donc, M. Naquet a changé de système; il s'est séparé de son ancien parti; il y a eu un schisme. Et cela est logique : c'est, en effet, du parti radical, comme jadis du parti jacobin, que devaient fatalement sortir les partisans du rétablissement du pouvoir personnel. Vous vous rappelez le mot fameux : « Bonaparte, c'est Robespierre à cheval ! » Eh bien, n'aurait-on pas pu dire à peu près de même, de nos jours : « Boulanger, c'est Clémenceau à cheval ! » *(Très bien ! très bien ! sur divers bancs. — Interruptions.)*

M. LEYDET. — Vos journaux ont refusé de voter pour M. Jacques, à Paris!

M. LE PRÉSIDENT. — Messieurs, ne transformons pas les faits historiques en faits personnels. *(Très bien.)*

M. LEYDET. — Je proteste au nom du parti radical contre les paroles de M. Deschanel.

M. PAUL DESCHANEL. — Monsieur Leydet, permettez-moi de vous dire qu'en ce qui me concerne j'ai voté pour M. Jacques.

M. ABEILLE. — M. Clémenceau a honoré le Parlement par sa parole. Pourquoi l'attaquer quand il est absent?

M. PAUL DESCHANEL. — Mon cher collègue, je n'ai pas attendu, vous le savez bien, que M. Clémenceau ne fût plus sur les bancs de cette Chambre pour lui dire en face, quelle que fût ma vive admiration pour son incomparable parole, tout ce que je pense de sa politique au dedans et au dehors!

M. LEYDET. — Ce n'est pas la question : nous parlons du parti radical.

M. PAUL DESCHANEL. — M. Naquet attribue l'instabilité gouvernementale qui a été depuis quinze ans la plaie principale de ce pays et de ce régime à la co-existence du gouvernement parlementaire avec le suffrage universel. Il juge le système de la responsabilité ministérielle incompatible avec la démocratie, et il nous propose de mettre les ministres hors des Chambres, comme aux États-Unis.

M. ALFRED NAQUET. — Ou plutôt en Helvétie.

M. PAUL DESCHANEL. — En Helvétie, il y a un Conseil exécutif, un Directoire. Je crois qu'on ne peut comparer à la France — au point de vue constitutionnel — un petit État fédéral comme la Suisse.

Ç'a été la formule constitutionnelle du mouvement boulangiste ; il n'est donc peut-être pas inutile de l'examiner rapidement.

D'abord, un Président indépendant des Chambres ne pourrait plus être élu par elles ; il faudrait le faire élire par le peuple, et, dès lors, nous retomberions dans l'aventure et dans les périls de 1848.

M. GAUTHIER (de Clagny). — On peut bien trouver un terrain transactionnel entre les deux théories.

M. PAUL DESCHANEL. — Ensuite, on ne remarque peut-être pas assez que, si les pouvoirs du Président américain sont considérables, ils ne s'appliquent qu'à des objets très peu nombreux et relativement petits : car le pouvoir fédéral est circonscrit tout à la fois par les lois, par les mœurs et par la nature. Il ne fait, en somme, que ce que les États ne pouvaient pas faire eux-mêmes, c'est-à-dire les choses du dehors, les affaires militaires et diplomatiques et les douanes. Il n'a aucune prise sur le citoyen. C'est, en quelque sorte, comme une façade bâtie après coup pour relier, au regard de l'étranger, les divers édifices constitutionnels qui s'étaient élevés côte à côte sur le sol de l'Amérique du Nord.

Le Président est bien le chef de l'armée et de la flotte[1]; il dirige les affaires extérieures et il lève les taxes; mais, comme les États-Unis n'ont pas de voisins, donc pas d'invasion à redouter, ils n'ont besoin ni d'armées nombreuses ni de gros impôts : de sorte que ces prérogatives du Président sont platoniques; il a des droits, mais il n'a pas l'occasion d'en user. De fait, sa grande affaire, c'est la douane.

Eh bien, messieurs, essayez de transplanter cette petite magistrature d'affaires, ce pouvoir nécessairement pacifique, qui se meut en dehors de la nation et de ses gouvernements locaux, dans un pays unitaire comme le nôtre, où, au contraire,

1. Qui, depuis lors, il faut le dire, a été considérablement accrue.

les lois, les mœurs, la nature conspirent à étendre
sans cesse, à pousser au maximum la force du
gouvernement central, dans cette France puissamment centralisée, avec ses armements formi-
dables, son énorme appareil administratif et fiscal,
le lourd et complexe héritage de sa politique séculaire ; essayez de greffer sur un pays ainsi fait un
Président à l'américaine, c'est-à-dire la créature,
l'agent d'un parti vainqueur, doublé de ministres
libres d'abuser de leurs droits pendant quatre ans
et abrités derrière le pouvoir personnel du Président ; enfin celui-ci maître absolu de la politique
extérieure, de l'armée, et de cette autre armée,
l'administration : je dis, messieurs, que ce serait
là un régime inférieur à celui de l'Empire *(Applaudissements au centre)*, car l'Empereur, élu par des
millions de Français, gouvernait, bien ou mal,
au nom de l'universalité de la nation, tandis que
ce chef d'État, porté au pouvoir par un parti,
serait obligé de gouverner au nom et dans l'intérêt
de ce parti ; la nation entière tomberait à la merci
de la majorité victorieuse, et l'établissement de ce
despotisme nouveau n'aurait même pas l'excuse
de la paix publique.

M. AVEZ. — Supprimez la Présidence de la
République !

M. PAUL DESCHANEL. — Voilà pour le Président. Voyons maintenant les ministres. Car il ne faut pas s'arrêter au décor des institutions américaines ; il faut aller au fond des choses. Comment les choses se passent-elles en réalité ?

Comme il fallait bien que l'Exécutif communiquât, de façon ou d'autre, avec le Parlement pour la préparation des lois, il s'est formé, dans chacune des deux Chambres, des comités permanents, qui peu à peu se sont emparés de tout le pouvoir législatif, au point de le soustraire presque complètement au contrôle de la nation et du Congrès lui-même. La plupart du temps, la Chambre se borne à enregistrer les délibérations des comités ; toute délibération sérieuse est supprimée. J'ai vu expédier le budget en huit ou dix jours. De sorte que les lois sont l'œuvre, non de la majorité du Congrès, mais de la majorité d'un comité.

Ce sont les présidents de ces comités qui sont, en fait, les véritables ministres ; seulement, comme ils ne sont responsables ni devant le Président, ni devant le Congrès, la gestion des deniers publics et la direction générale des affaires se trouvent abandonnées à des pouvoirs anonymes, et l'on ne trouve personne à qui demander des comptes.

Et comme on pourrait croire que j'exagère *(Non! Non! Parlez!)*, bien que j'aie étudié ces choses sur place avec soin, permettez-moi de vous citer quelques lignes de M. de Laveleye, qui résument tous les travaux récents des publicistes les plus éminents en France, en Angleterre et aux États-Unis même.

« Ces comités, dit-il, exercent leur pouvoir d'une façon plus autocratique que le Conseil des Dix... Nous avons tous cru Laboulaye sur parole quand il nous enseignait que la souveraineté du peuple est appliquée d'une façon plus complète aux États-Unis que partout ailleurs. Illusion pure ! Cela est vrai pour la commune, moins vrai déjà pour chaque État, et cela n'est plus vrai du tout pour le gouvernement fédéral. Le peuple n'a aucune influence sur les lois... On voit ainsi cette chose étrange : une république toute démocratique où la démocratie n'a presque aucune part dans la confection des lois et dans la direction des affaires. »

Et alors, qu'est-il arrivé ? C'est que, depuis une trentaine d'années, il s'est produit dans la fraction éclairée de l'opinion un mouvement très sérieux en faveur de la responsabilité ministérielle ; et même, au moment de la guerre de

Sécession, la Constitution réformée du Sud l'avait établie. Ainsi, tandis que, chez nous, certains esprits, comme M. Naquet, veulent se rapprocher des institutions américaines, là-bas un grand nombre d'Américains éclairés, sentant qu'il manque, entre le Président et la Chambre, un ressort, un levier, quelque chose qui lui permette de créer et de diriger une majorité, c'est-à-dire, en un mot, de gouverner, marchent en sens inverse et tendent à se rapprocher des nôtres.

La séparation des pouvoirs, telle que l'entend M. Naquet, appliquée dans toute sa rigueur, d'une façon absolue — et, pour parler plus justement, l'isolement des pouvoirs, — a été expérimentée en France à diverses reprises : en 1791, en l'an III, puis sous le premier et second Empire.

Nous en avons vu les effets.

Telles sont, messieurs, les raisons pour lesquelles nous nous opposons à la revision de M. Naquet, comme à celle de M. Goblet.

Est-ce à dire que le régime parlementaire, tel qu'il fonctionne en France depuis quinze ans, nous satisfasse ? Il s'en faut de beaucoup.

M. GROUSSIER. — Alors, revisons !

M. PAUL DESCHANEL. — Attendez ! Nous croyons, nous aussi, — et nous l'avons dit dès longtemps, — que de grands changements sont nécessaires dans la politique et dans le gouvernement de la France. Nous pensons, nous aussi, que ce pays veut autre chose, et que la République de demain doit être différente de la République d'hier. *(Mouvements divers.)*

M. MIRMAN. — Et de celle d'aujourd'hui.

M. PAUL DESCHANEL. — Mais, à notre avis, le mal est bien moins dans la Constitution et dans le régime parlementaire que dans la non-exécution ou dans les violations des lois constitutionnelles et dans les hérésies commises contre le gouvernement parlementaire. *(Très bien! très bien! au centre.)*

La Constitution dit : « Les ministres sont solidairement responsables devant les Chambres de la politique générale du Gouvernement. »

Le Cabinet doit donc être solidaire, c'est-à-dire que, quand il tombe, il doit tomber tout entier; c'est-à-dire qu'aucun des membres qui le composent ne peut faire partie du ministère suivant... *(Ah! ah! à l'extrême gauche.)*

M. MARCEL HABERT. — Cela veut dire qu'à un esprit nouveau il faut des hommes nouveaux.

M. PAUL DESCHANEL. — ... à plus forte raison en devenir le chef : sans quoi, la formation de grands partis, sans lesquels il n'est point de gouvernement parlementaire et libéral, devient impossible, et l'on tombe dans la politique de groupes. *(Très bien ! très bien ! au centre.)*

Et il est même tel pays voisin où un tel acte serait regardé comme une félonie et déconsidérerait politiquement l'homme public qui s'en rendrait coupable. *(Mouvements divers.)*

Oh ! messieurs, ai-je besoin de dire que je parle ici, non de personnes, mais de principes ?

Eh bien, est-ce là ce que nous avons vu depuis quinze ans ? Je sais bien ce qu'on peut dire : nous étions en présence d'oppositions anti-constitutionnelles très puissantes, et, par suite, nous étions rivés à ce système de la concentration qui était évidemment la négation, la ruine des règles fondamentales du gouvernement parlementaire,...

M. GEORGES TROUILLOT. — La concentration républicaine a une histoire autrement glorieuse que celle de la conjonction des Centres !

M. PAUL DESCHANEL. — ... puisqu'il supposait des ministères hétérogènes, sans unité de direction ni de programme ; et il est clair que les coalitions hybrides qui renversaient les ministères ne pouvaient pas fournir les éléments d'un gouvernement nouveau.

Mais aujourd'hui, messieurs, la situation s'est déjà singulièrement modifiée ; et si, à l'avenir, il était entendu pour tout le monde, ici et au dehors, si le pays et la Chambre savaient, à n'en pouvoir douter, que, par exemple, en cas de renversement du ministère actuel, aucun des membres qui le composent, ni aucun des membres de la minorité qui l'aurait suivi jusqu'au bout, ne pourrait faire partie de la combinaison suivante, et que le pouvoir reviendrait de droit aux chefs de l'opposition victorieuse, MM. Goblet, Pelletan, Millerand et Jaurès en tête,... *(Applaudissements au centre et à gauche.)* ah ! messieurs, ce jour-là, le pays commencerait à comprendre ce que c'est que le régime parlementaire ; nous ne verrions plus se produire ici de ces votes de surprise ou de sentiment, rendus sous le coup d'une impression de séance ou sous la poussée d'un intérêt électoral. Et, comme la majorité sentirait tout le poids de la responsabilité qui pèse sur elle, le premier ministre ne serait plus obligé de poser si fréquemment la question de confiance. *(Applaudissements au centre.)*

« Les ministres, dit encore la Constitution, sont responsables devant les Chambres de la politique générale du Gouvernement. »

C'est donc qu'il faut une cause grave, un désaccord sérieux sur une question essentielle, sur la direction générale des affaires, pour qu'un ministère se sépare des Chambres.

Est-ce là ce que nous avons vu? Nous avons vu tomber des ministères sur des incidents de troisième et de quatrième ordre!

Un jour, le ministère Freycinet, si je ne me trompe, s'est retiré parce que la Droite et l'Extrême gauche avaient supprimé le crédit affecté aux sous-préfets. Quel effet pratique, quelle sanction pouvait avoir un tel vote? Il faudrait une loi organique, votée par les deux Chambres, pour supprimer les sous-préfectures!

Une autre fois, le ministère Tirard est tombé parce que la Droite exigeait de lui la revision immédiate de la Constitution; et puis, le ministère Floquet est tombé parce que cette même Droite voulait, ce jour-là, l'ajournement indéfini de cette même revision, qu'elle avait exigée auparavant de M. Tirard!

M. LEYDET. — Avec le Centre.

M. PAUL DESCHANEL. — En vérité, c'est faire la part trop belle aux partis anti-constitutionnels, (*Très bien! Très bien!*)

Un gouvernement ne peut pas être à la merci

de toutes les sommations inconsidérées, de tous les caprices de chacun des groupes qui composent l'une des deux Chambres. Le système de la responsabilité ministérielle ainsi compris n'est plus le moyen le plus ingénieux et le plus sûr de suivre la volonté de la Nation ; c'est un jeu puéril, qu'un grand pays ne saurait supporter longtemps, et contre lequel, en effet, la France a protesté violemment, comme elle a pu.

Non ! ce n'est pas là le gouvernement parlementaire : c'est la parodie du gouvernement parlementaire! *(Applaudissements à gauche et au centre.)*

M. GAUTHIER (de Clagny). — Seulement vous n'aurez jamais autre chose avec la Constitution actuelle. Ce ne sont pas les hommes qui sont mauvais, c'est le rouage.

M. PAUL DESCHANEL. — Messieurs, le mal n'est pas seulement dans la non-exécution des lois constitutionnelles et dans la violation des règles essentielles du gouvernement parlementaire : il est aussi dans nos mœurs politiques et administratives; il est dans cette regrettable confusion des pouvoirs : l'exécutif annihilé; les ministres à la remorque des députés; les députés à la remorque des comités et des coteries locales...

(Applaudissements sur divers bancs. — Rumeurs sur d'autres.)

Ah! messieurs, vous êtes assez puissants pour entendre la vérité!... les administrations et les fonctionnaires dans la dépendance des députés et de leur clientèle. *(Très bien ! très bien !)*

Et je ne sais vraiment pas ce que souhaitent encore nos honorables collègues de l'Extrême gauche : car leur idéal d'une Assemblée tirant à elle tous les pouvoirs, s'il n'est pas inscrit dans la loi, a passé peu à peu dans les faits; et c'est là justement, à nos yeux, une des causes principales des inconvénients dont nous souffrons. *(Très bien ! très bien ! sur divers bancs.)*

M. LEYDET. — Parlez pour vous !

M. CHARPENTIER. — A l'Extrême gauche, nous ne demandons pas de faveurs. *(Bruit.)*

M. PAUL DESCHANEL. — On a pu dire avec justesse que nous avons, à l'heure qu'il est, deux Constitutions : la Constitution officielle, qu'on trouve dans nos recueils de lois, en vertu de laquelle le pouvoir exécutif est exercé par des ministres responsables devant le Parlement et auxquels le personnel administratif est subordonné; et puis une Constitution qui n'est écrite nulle part, mais qu'on trouve partout, une Constitution parasite, qui a poussé peu à peu à côté de l'autre et qui l'a faussée, suivant laquelle le pouvoir exécutif est exercé dans les bureaux des ministères, à Paris, avec la coopération active des sénateurs et des députés, et, dans les départements, dans les bureaux des administrations locales, avec la collaboration active de ces mêmes sénateurs et députés, et des politiciens, élus ou non.

On a vu, on voit encore, dans les départements, des fonctionnaires de tout ordre, des agents du pouvoir central, occupés à mettre leur influence au service d'hommes politiques qui ne cessent de combattre le gouvernement et qui votent contre lui à chaque scrutin ! *(Très bien ! très bien ! au centre.)*

M. LE COMTE CHRISTIAN D'ELVA. — Ne dites pas cela pour la Droite.

M. PAUL DESCHANEL. — On a vu des préfets s'associer par leur présence, et même quelquefois par leurs discours, aux manifestations et aux harangues des orateurs de l'opposition !

M. AVEZ. — Révoquez vos fonctionnaires ! Faites des mécontents ! Plus vous en ferez et plus vous avancerez vos affaires.

M. PAUL DESCHANEL. — Je ne les accuse pas; ils sont les victimes, bien plus que les auteurs, d'une situation paradoxale et fausse ; ils ont vu, comme nous, se succéder au pouvoir les plus étranges amalgames de personnes et d'idées ; l'incohérence ministérielle, l'anarchie gouvernementale devait nécessairement engendrer l'anarchie administrative.

Et comment, dans cette étrange confusion, dans ce relâchement de l'autorité à tous les degrés, alors que la puissance publique est tournée au profit d'une politique hostile à celle du gouvernement, comment les populations pourraient-elles se reconnaître ? Comment pourraient-elles discerner où est le pouvoir, où est l'opposition, et voter en conséquence ? De sorte que le désordre administratif engendre à son tour l'obscurité dans les esprits et l'équivoque dans les élections. *(Très bien ! très bien ! au centre.)*

M. LE COMTE CHRISTIAN D'ELVA. — Rendez-nous la liberté électorale !

M. PAUL DESCHANEL. — Eh bien, messieurs, si nous commencions par reviser cette seconde Constitution, qui s'est substituée à la Constitution véritable ?

Il y a une autre revision qui, à mon avis, ne serait pas moins utile que celle-là : c'est celle de notre méthode de travail. *(Très bien ! très bien !)*

Si le travail parlementaire n'est pas organisé d'une façon rationnelle et prompte, une Chambre risque de ressembler à un moulin qui moud à vide. Eh bien, notre règlement, il faut le reconnaître, paraît trop souvent combiné de façon à nous empêcher d'aboutir. C'est une vieille et lente mécanique ; c'est, passez-moi le mot, la machine de Marly. Nous avons nommé une commission chargée de le réformer. Je suis convaincu qu'elle trouvera dans la procédure des Parlements étrangers, et notamment du Parlement britannique, plus d'un exemple utile à suivre : par exemple, en ce qui concerne le rôle de nos commissions d'initiative, la discussion et le vote du budget, et l'abus des interpellations. *(Très bien ! très bien !)*

A la Chambre des communes, un jour par semaine est réservé aux interpellations. Car c'est une singulière façon de comprendre le régime parlementaire, que de passer ainsi tout notre temps à interpeller le gouvernement...

M. DENIS. — Qu'est-ce que nous aurions fait depuis que nous sommes réunis, sans les interpellations ? Il n'y avait rien à l'ordre du jour. *(Bruit.)*

M. PAUL DESCHANEL. — ...si bien que ce qui

devrait être l'accessoire devient le principal, ce qui devrait être l'exception devient l'encombrement quotidien.

Vous demandez une politique de réformes : nous aussi ! Eh bien, faisons moins d'interpellations; demandons moins souvent au gouvernement de s'expliquer sur les projets de loi qu'il compte nous apporter, discutons-les, votons-les, le temps sera mieux employé. *(Très bien! très bien!)*

Enfin, — et sur ce dernier point j'ai encore la bonne fortune de me trouver d'accord avec mon éminent contradicteur, — comment veut-on que les ministres aient le temps de gouverner, d'administrer, de défendre leur existence, et, par-dessus le marché, d'accomplir des réformes et des œuvres de longue haleine, lorsqu'ils sont accablés, écrasés par ce système de concentration bureaucratique à outrance, qui a été créé en l'an VIII pour le pouvoir absolu d'un homme *(Applaudissements sur un grand nombre de bancs)* et qui est manifestement incompatible avec les institutions libres et le suffrage universel? *(Nouveaux applaudissements.)*

Cette centralisation exagérée, au lieu de donner de la force au pouvoir central, lui en ôte, parce qu'elle l'expose, parce qu'elle l'use, parce qu'elle le charge de fonctions inutiles et de responsabilités compromettantes. *(Nouveaux applaudissements sur les mêmes bancs.)*

Nous ne demandons certes pas qu'on affaiblisse l'autorité légitime du pouvoir central, surtout dans la situation actuelle de l'Europe. Mais nous disons que s'il y a eu, depuis vingt ans, une loi utile et bienfaisante à la France et à la République, c'est la loi de 1871 sur les Conseils généraux, *(Très bien ! très bien !)* et que, maintenant que la République est incontestée, nous pouvons faire, sans péril, un pas nouveau dans cette voie. *(Très bien! très bien!)*

M. MILLERAND. — Êtes-vous sûr que vos amis vous suivront ?

M. PAUL DESCHANEL. — Nous verrons, et je l'espère ; ces idées ont déjà fait bien des progrès.

Nous disons que, une fois les droits légitimes de l'État garantis, il y aurait tout avantage à le décharger au profit des départements, des communes, et même... *(Vifs applaudissements sur un grand nombre de bancs.)*

M. LE COMTE CHRISTIAN D'ELVA. — C'est ce que nous demandons depuis longtemps.

M. BARODET. — Proposez-le !

M. PAUL DESCHANEL. — Je dis que nous aurions tout intérêt à décharger l'État au profit des départements, des communes, et même des associations libres, d'une foule de soins et de réformes dont ceux-ci s'acquitteraient certainement beaucoup mieux que lui.

M. COUTANT, — Vous ne serez pas ministre ! *(On rit.)*

M. PAUL DESCHANEL. — Voilà, messieurs, les questions qui, à notre avis, pressent le plus ; voilà les réformes, —clefs des autres réformes,— que nous pouvons, si vous le voulez, accomplir ensemble, sans qu'il soit besoin, pour cela, d'ajouter à nos trop nombreuses crises ministérielles une crise constitutionnelle. Voilà notre revision, à nous !

Messieurs, j'en suis sûr, vous écarterez des projets qui tendent, les uns au despotisme d'une Assemblée, les autres au despotisme d'un homme ; vous resterez les gardiens fidèles de la liberté politique et de la souveraineté nationale, contre les deux seuls périls qui puissent désormais menacer la France, et qui, au surplus, naissent l'un de l'autre : la démagogie et le césarisme ! *(Vifs applaudissements au centre et sur divers bancs. — L'orateur, en retournant à son banc, reçoit les félicitations de ses collègues.)*

LE MINISTÈRE RADICAL *(Avant)*.

DISCOURS PRONONCÉ A LA CHAMBRE DES DÉPUTÉS

le 18 novembre 1895.

M. MILLERAND. — ... Je voudrais que nos adversaires disent avec la même netteté et avec la même sincérité ce qu'ils veulent, où ils vont, quelle est leur méthode, quelle est leur politique.

C'est, quant à moi, la prière qu'en descendant de cette tribune je me permets d'adresser, quoique indigne, et à M. Deschanel et à M. Barthou. *(Applaudissements à l'extrême gauche).*

M. PAUL DESCHANEL. — Je demande la parole.

M. LE PRÉSIDENT. — La parole est à M. Deschanel.

M. PAUL DESCHANEL. —M. Millerand a touché deux points différents : la question d'honnêteté, de salubrité publique, et la question politique. Je me suis permis de l'interrompre — et je lui en demande pardon — pour lui rappeler que, dans la crise du Panama, certains républicains qui siègent sur nos bancs sont montés à la tribune pour demander immédiatement l'extradition de Cornélius Herz et l'arrestation d'Arton. Je suis un de ceux-là; j'étais à cette époque avec M. Cavaignac; on m'en a fait assez souffrir ! *(Applaudissements ironiques à l'extrême gauche. — Mouvements divers.)*

M. Millerand nous a demandé quelle politique nous opposions à celle de M. Bourgeois.

Il a cru voir l'autre jour, que, pendant le discours de M. le président du Conseil, je faisais signe que j'allais prendre la parole. Non pas : j'approuvais seulement de tout mon cœur M. Bourgeois, lorsque lui, qui a toujours été le principal représentant, le principal apôtre de la concentration, — après avoir échoué une première fois l'année dernière dans sa tentative pour former un ministère de concentration, et une seconde fois cette année, puisque, forcé par la logique des choses, il a été amené à constituer un ministère purement radical, — je l'approuvais, dis-je, parce que, dans son discours, il portait en terre la concentration défunte, *(Applaudissements au centre. — Interruptions.)*

Il a parlé de l'acheminement désirable, nécessaire, vers la formation de deux grands partis dans la République. C'est ce que nous avions dit dès longtemps, contre lui. Seulement, je ne suis pas d'accord avec lui sur la définition qu'il a donnée de ces deux grands partis : « un parti progressiste et démocratique » — le sien — « et un parti conservateur » — le nôtre. Je n'accepte pas cette définition. *(Exclamations à l'extrême gauche. — Interruptions.)*

M. DESFARGES. — Acceptez-vous celle de M. Waldeck-Rousseau ?

M. PAUL DESCHANEL. — S'il devait y avoir dans la République un parti qui ne fût autre chose qu'un parti de conservation, qu'une force de pure résistance, je ne voudrais certainement pas en être, et toute ma conduite dans le Parlement, depuis dix ans, proteste contre une pareille classification.

A qui donc revient l'honneur de toutes les grandes réformes accomplies par la République depuis vingt ans ? Est-ce que notre parti n'en a pas sa part glorieuse ? Vous venez de prononcer le nom de M. Waldeck-Rousseau : à qui devons-

nous la loi sur les syndicats, cette grande arme de
la démocratie laborieuse? *(Interruptions à l'extrême
gauche. — Applaudissements au centre.)*

M. MILLERAND. — Il l'a regrettée assez !

M. PAUL DESCHANEL. — Ce qui est vrai, c'est
qu'il y a dans la République deux programmes
entre lesquels il faut nécessairement choisir, et qui
doivent réunir, l'un ou l'autre, une majorité gouvernementale : d'une part, le programme radical-
socialiste, qui est bien connu, qui comprend la
revision de la Constitution, la suppression du
budget des cultes, l'impôt global et progressif sur
le revenu, la remise aux mains de l'État des
mines, des chemins de fer, de la Banque de
France *(Applaudissements à l'extrême gauche)*; et,
d'autre part, ce programme de réformes et de
progrès — en matière politique, sociale, fiscale,
administrative, judiciaire, — que mon ami Barthou et moi nous sommes venus exposer ici au
début de la législature, dans l'interpellation qui
eut lieu sous le premier ministère Dupuy, et
plus spécialement, en matière sociale et ouvrière,
tout cet ensemble de réformes que j'ai énumérées
moi-même en réponse à M. Jules Guesde au mois
de novembre dernier. Voilà notre politique, voilà
notre programme.

Oui, certes, il est désirable qu'il y ait désormais deux grands partis dans l'État républicain. Mais, encore une fois, nous n'acceptons pas votre définition. Il faut choisir entre le programme radical-socialiste et le nôtre. *(Applaudissements au centre.)*

Permettez-moi de vous le dire, monsieur le président du Conseil, votre discours de l'autre jour différait sensiblement de votre déclaration ministérielle.

M. LE PRÉSIDENT DU CONSEIL. — Je vous demande pardon.

M. PAUL DESCHANEL. — Non, ce n'était plus le même langage. Dans la Déclaration ministérielle, vous repoussiez très énergiquement, d'un côté ceux qui, en acceptant la forme de nos institutions, n'en acceptent pas l'esprit, et, de l'autre, le collectivisme et la lutte des classes; tandis que maintenant, vous êtes acclamé par ceux-là mêmes qui préconisent la lutte des classes et le collectivisme! *(Vifs applaudissements sur divers bancs à gauche et au centre.)*

Ah! on a voulu que nous montions à cette tribune! Ah! on a réclamé de la clarté! Eh bien, en voilà! Il faut nous expliquer ces contradictions à huit jours de distance. Vous êtes déjà prisonniers du parti révolutionnaire! *(Vifs applaudissements sur les mêmes bancs.)*

M. JOURDE. — Il n'y a que Arton qui soit prisonnier.

M. PAUL DESCHANEL. — Et maintenant, monsieur Millerand, je vais vous dire, puisque vous le voulez savoir, pourquoi, l'autre jour, je suis resté muet à mon banc, malgré les provocations que vous nous adressiez.

A peine le nouveau ministère venait-il de lire sa Déclaration, que les chefs socialistes venaient me trouver et me dire : « Comment! vous n'interpellez pas? Vous abdiquez! » *(Rires au centre.)*

Croyez-vous donc que je ne voie pas votre tactique? Eh bien, non ! Voilà quinze ans, pour ma part, que je demande l'avènement du radicalisme aux affaires. *(Applaudissements au centre.)* Voilà quinze ans que je demande que les hommes qui ont renversé, culbuté vingt ministères avec le concours des monarchistes prennent enfin le pouvoir! *(Nouveaux applaudissements sur les mêmes bancs.)*

Parfois les radicaux m'ont dit : « Vous voulez nous mettre hors de la République! » Parole absurde! Je veux, au contraire, comme le disait si bien M. Bourgeois, la formation de deux grands partis, afin que ceux qui n'ont pas cessé de détruire tous les gouvernements depuis vingt ans prennent enfin la responsabilité de leurs destructions, ou puissent reconstruire à leur manière ! (*Très bien ! très bien au centre.*)

Les voici enfin au pouvoir !

Et c'est au moment où mon vœu se réalise, que j'irais leur faire une opposition déloyale et je ne sais quelle guerre d'embuscades ! Non pas ! Voilà pourquoi je n'ai pas voulu me mêler, l'autre jour, à cette interpellation dans laquelle ni mes amis ni moi n'étions pour rien, et, suivant le mot si juste de M. Pourquery de Boisserin, essayer d'étrangler le ministère « au coin du bois ».

De telles attaques seraient indignes de vous et de nous.

J'ai voté avec le ministère. Pourquoi ? Parce que son premier acte était de maintenir la loi que nous avons votée naguère et parce qu'il venait déclarer lui-même qu'il n'y avait pas de majorité dans le pays et dans le Parlement pour l'abroger.

Eh bien, je veux que, dans quelques jours, M. le président du Conseil puisse venir nous faire des déclarations analogues sur la revision de la Constitution, qui est le premier article du programme radical ! Oui, nous voulons nous donner

le plaisir intense, la joie vive de voir le ministre
des Affaires étrangères du parti radical venir
défendre l'ambassade du Vatican et les écoles
catholiques d'Orient! *(Applaudissements et rires
sur un grand nombre de bancs à gauche, au centre et
à droite.)*

Ah! nous sommes de mauvais républicains, des
réactionnaires, des « ralliés », nous autres, pour
tous ces votes-là? A votre tour, messieurs! *(Rires
et applaudissements sur les mêmes bancs.)*

Nous voulons que le ministre de l'intérieur du
parti radical vienne défendre les fonds secrets,
que le ministre des cultes du parti radical vienne
défendre le budget des cultes et les évêchés non
concordataires! *(Applaudissements et rires sur les
mêmes bancs.)*

Nous voulons enfin que le premier ministère
exclusivement radical qui ait paru en France
nous donne raison sur tous les points capitaux de
la politique intérieure et extérieure, et qu'on
voie, une fois encore et mieux que jamais, ce
que nous avons vu depuis quinze ans : des hommes qui, à leur banc de députés, nous accusent
d'être des réactionnaires, et qui, une fois au banc
ministériel, font exactement la même chose que
nous *(Vifs applaudissements au centre),* — ce qui ne

les empêche pas, du reste, alors qu'ils ont quitté
le banc des ministres, d'émettre des votes en sens
inverse, de nous traiter de nouveau d'ultra-mo-
dérés et d'exiger de leurs successeurs ce qu'eux-
mêmes n'ont pu faire! *(Nouveaux applaudissements
sur les mêmes bancs.)*

Non! nous n'avons pas voulu donner dans
le piège! En attaquant le ministère, comme
on nous y provoquait, ou bien nous le renversions tout de suite, et alors nous fournissions
aux radicaux et aux socialistes une plate-forme
électorale... *(Exclamations et applaudissements ironiques sur divers bancs à gauche.)*

Ils auraient pu dire au pays: « Tu vois! ce
sont ces infâmes modérés qui ont empêché les
réformes et les épurations nécessaires! » *(Applaudissements au centre.)*

Ou bien, au contraire, nous ne le renversions
pas, et alors nous resserrions cette coalition
d'intérêts... *(Interruptions à l'extrême gauche.)*

A L'EXTRÊME GAUCHE. — Quels intérêts?
Expliquez-vous?

M. PAUL DESCHANEL. — ... cette coalition d'intérêts politiques et électoraux, car vous n'êtes
que cela: il y a, sur le fond des choses, une antinomie irréductible entre ceux qui représentent le

collectivisme, la lutte des classes, et les hommes qui sont assis au banc du gouvernement.

Nous verrons combien de temps — et à quel prix — l'Extrême gauche se prêtera à l'abandon successif de tous les articles du programme radical. *(Interruptions à l'extrême gauche.)* Nous verrons si le programme radical est un programme de gouvernement, si le radicalisme est une politique susceptible d'applications pratiques, ou bien s'il n'est qu'une surenchère électorale!

Et, de même que M. Léon Bourgeois a été le fossoyeur de la concentration républicaine, il pourrait bien devenir un jour le fossoyeur de la politique radicale! *(Applaudissements prolongés et répétés au centre et sur divers bancs à gauche. — L'orateur, en retournant à son banc, reçoit de vives félicitations.)*

LE MINISTÈRE RADICAL *(Après)*.

DISCOURS PRONONCÉ A LA CHAMBRE DES DÉPUTÉS

le 30 avril 1896.

M. PAUL DESCHANEL. — Messieurs, ne pensez-vous pas — et je m'adresse ici à tous mes collègues, sans distinction de parti — que les critiques dirigées par l'honorable M. Goblet contre la retraite du précédent ministère ne peuvent s'adresser utilement qu'à ce ministère-là, et non au Cabinet actuel[1] ?

Et ne trouvez-vous pas aussi comme moi que, depuis un certain temps, tous nos grands débats politiques, au lieu de rouler sur des idées, sur des principes, sur des réalités, ne roulent que sur des mots, sur des formules ?

1. Le Cabinet Méline.

M. Goblet rappelait tout à l'heure le scrutin du 23 avril, et il tirait de ce vote la conclusion que le Cabinet nouveau est inconstitutionnel. Mais sur quoi portait ce scrutin?

Sur la suprématie du Suffrage universel et sur l'urgence de réformes démocratiques. *(Très bien! très bien!)*

La suprématie du Suffrage universel? Est-il un seul républicain qui ne la proclame? *(Exclamations ironiques à l'extrême gauche. — Applaudissements au centre.)*

A L'EXTRÊME GAUCHE. — Pourquoi ne l'avez-vous pas votée?

M. PAUL DESCHANEL. — Je vous le dirai. Le Suffrage universel est le fondement même de la République et de la souveraineté nationale.

M. ALPHONSE HUMBERT. — Voilà les mots!

M. PAUL DESCHANEL. — Je vous en prie, j'apporte ici une parole sincère, vous le savez bien!...

M. ALPHONSE HUMBERT. — Je ne dis pas le contraire!

M. PAUL DESCHANEL. — J'ai le respect de vos convictions, respectez les miennes! *(Applaudissements au centre.)*

Je dis que le Suffrage universel est le fondement même de la souveraineté nationale; seulement, il s'agit de savoir comment, par quels moyens — et c'est là ce qui a divisé, à toutes les époques, les plus grands génies politiques — il s'agit de savoir par quels organes la souveraineté nationale peut et doit s'exercer; c'est là toute la question; et nous pensons, nous, par exemple, que l'omnipotence d'une Assemblée est la négation de la souveraineté du peuple. *(Vifs applaudissements au centre et sur divers bancs à gauche. — Bruit à l'extrême gauche.)*

Des réformes? Nous en voulons tous; mais ce ne sont pas les mêmes : alors à quoi sert de voter sur des mots vagues et ambigus? *(Applaudissements au centre. — Bruits à l'extrême gauche.)*

Sous les mots voyons les choses; allons droit aux idées, aux principes.

Il y a deux politiques en présence : d'une part, celle qui est définie dans la Déclaration ministérielle, programme de réformes précises, pratiques *(Applaudissements au centre et sur divers bancs à gauche)*, aisément réalisable par l'accord de toutes les bonnes volontés et de tous les patriotismes; et, d'autre part, la politique dont la France a fait l'épreuve depuis six mois.

M. TOUSSAINT. — Elle ne s'en plaint pas !

M. PAUL DESCHANEL. — Messieurs, au lendemain de la constitution du précédent Cabinet, j'ai eu l'honneur de dire à son chef, — on m'en a assez critiqué, mais je ne m'en repens pas, car je pense que la politique la plus loyale est aussi la plus habile, et, quoi qu'elle puisse coûter, je suis résolu à ne m'en écarter jamais, — j'avais l'honneur de dire à son chef : « Vous déclarez que vous voulez agir ; vous déclarez que, pour la première fois dans ce pays, vous voulez contribuer à la formation de deux grands partis parlementaires. Eh bien, pour ma part, je ne vous ferai pas de guerre d'escarmouches, de guerre d'embuscades ; quand l'heure sera venue...

PLUSIEURS VOIX A L'EXTRÊME GAUCHE. — Vous avez raison de dire « pour ma part ».

M. PAUL DESCHANEL. — Je n'ai pas la prétention de parler au nom des autres !

M. LÉON BOURGEOIS. — Vous avez tenu votre parole, mais vous n'avez pas obtenu autour de vous que chacun fît de même. *(Très bien ! très bien ! à l'extrême gauche.)*

M. RAYMOND POINCARÉ, *s'adressant à M. Bourgeois.* — Voulez-vous citer quelqu'un qui se soit battu ailleurs qu'à la tribune? *(Très bien ! très bien ! au centre. — Bruit à l'extrême gauche.)*

M. LE PRÉSIDENT. — Messieurs, veuillez cesser ces interpellations de banc à banc, je vous prie. L'orateur seul a la parole.

M. PAUL DESCHANEL. — J'ai eu l'honneur de dire au chef du précédent ministère : « Je ne vous ferai pas de guerre d'embuscades. Quand l'heure sera venue, nous nous compterons loyalement...»

M. JAURÈS. — C'est fait !

M. PAUL DESCHANEL. — Mais, monsieur Jaurès, laissez-moi achever ma pensée : je ne vous interromps jamais.

M. JAURÈS. — Cela est vrai, et je m'excuse de vous avoir interrompu.

M. PAUL DESCHANEL. — « Quand l'heure sera venue, nous nous compterons loyalement sur le principe des questions maîtresses qui nous divisent. » Et j'ajoutais : « Je crois bien, à vrai dire, que, sur tous les points essentiels, vous serez amené par la force des choses à nous donner raison, à suivre notre politique et à abandonner successivement tous les articles du programme radical. » *(Bruit à l'extrême gauche.)*

En effet, revision de la Constitution... *(Interruptions et bruit à l'extrême gauche.)*

M. LE PRÉSIDENT. — Mais enfin, messieurs, si, suivant le caractère des orateurs et la thèse qu'ils soutiennent, je suis obligé successivement aux mêmes efforts, nous n'irons, ni vous ni moi, au bout de ce débat. Je vous en prie, veuillez écouter les orateurs les uns après les autres. C'est là que résident la dignité et l'utilité du régime que nous défendons tous. *(Très bien! très bien!)*

M. PAUL DESCHANEL. — Revision de la Constitution, — et ce n'est pas sans surprise que j'ai entendu tout à l'heure M. Goblet venir la demander au ministère actuel, alors que le gouvernement qu'il soutenait ne l'a même pas proposée. *(Très bien! très bien! au centre.)*

M. RENÉ GOBLET. — Il n'y avait pas eu de conflit.

M. LÉON BOURGEOIS. — Est-ce que je l'avais mise dans mon programme?

M. PAUL DESCHANEL. — Je retiens votre interruption, monsieur Bourgeois, et j'y répondrai dans un instant.

Revision de la Constitution; suppression du budget des cultes; suppression de l'ambassade au Vatican; suppression des évêchés non concordataires *(Applaudissements au centre. — Bruit à l'extrême gauche);* subventions aux écoles catholiques d'Orient; suppression des fonds secrets; abrogation de la loi contre les menées anarchistes;

manifestation du Père-Lachaise ; journée de huit heures : sur tous ces points, les ministres radicaux ont fait exactement ce que nous aurions fait nous-mêmes si nous avions été à leur place... *(Applaudissements et rires au centre et à droite.)*

M. LAVY. — Pourquoi avez-vous voté contre ?

M. PAUL DESCHANEL. — ... et ce qui, d'ailleurs, nous eût valu les critiques, les attaques et les injures de leurs amis. *(Nouveaux rires et vifs applaudissements sur les mêmes bancs.)*

Et, quand on leur signalait ces contradictions, quand on leur disait : « Vous qui déclariez ne vouloir vivre que pour agir, il semble, au contraire, que vous n'agissiez que pour vivre » *(Rires au centre)*, que répondaient-ils ?

Ils répondaient, comme l'honorable M. Léon Bourgeois tout à l'heure : « Mais tout cela n'est pas dans notre programme ; c'est sur notre programme qu'il faut nous juger. »

Soit ! Qu'y avait-il dans ce programme ? Surtout deux choses : la lumière sur les faits de corruption politique et l'impôt général sur le revenu. *(Applaudissements ironiques au centre. — Bruit à l'extrême gauche.)*

La lumière sur les faits de corruption politique !

Oui, pendant cinq mois on a osé nous dire :

« Qui n'est pas pour le Cabinet radical est contre la lumière ; qui vote contre le ministère radical veut entraver l'œuvre de la justice et couvrir les coupables. » *(Applaudissements au centre et à droite.)*

M. SAUTUMIER. — Qui donc a arrêté Arton ? *(Exclamations au centre.)*

M. CHENAVAZ. — Et l'instruction de M. Rempler ?

M. PAUL DESCHANEL. — Pendant cinq mois on a exercé sur cette Chambre une sorte d'abominable chantage moral... *(Vives protestations à l'extrême gauche. — Applaudissements répétés au centre et sur divers bancs à gauche et à droite.)*

A L'EXTRÊME GAUCHE. — A l'ordre ! à l'ordre

M. LE PRÉSIDENT. — Monsieur Deschanel... *(Réclamations au centre.)* Comment, messieurs, vous applaudissez de pareilles paroles ? *(Oui ! oui ! au centre.)* Si votre intention est non seulement de les tolérer, mais de les mettre à l'ordre du jour de cette Assemblée, je demande comment le Président pourra exercer son droit et son devoir. *(Très bien ! très bien !)*

Quant à moi, je prie M. Deschanel de retirer une parole qui ne peut être permise dans le régime parlementaire. *(Applaudissements à l'extrême gauche et à gauche.)*

J'ai prié l'orateur de retirer cette expression.

9.

qui, je le répète, ne peut être produite à la tribune. Je l'en prie de nouveau.

M. PAUL DESCHANEL. — J'ai une trop profonde déférence et pour l'autorité présidentielle et pour le caractère de celui qui en est revêtu, pour ne pas tenir le plus grand compte de ses observations. *(Très bien! très bien!)*

Je modifierai donc, pour répondre à son invitation, l'expression de ma pensée, en disant qu'on a spéculé sur les sentiments les plus vils qui puissent germer au cœur de l'homme. *(Nouvelles interruptions à l'extrême gauche.)*

Permettez, messieurs... *(Parlez! parlez! au centre.)*

M. LE PRÉSIDENT. — J'insiste, monsieur Deschanel, pour que l'expression soit retirée.

M PAUL DESCHANEL. — Je dirai donc que, en dehors de cette enceinte, on a essayé d'exercer sur cette Chambre une sorte de chantage moral.*(Bruit à gauche.)*

On voit bien, mes chers collègues, que vous n'avez pas souffert comme nous *(Nouvelles exclamations sur les mêmes bancs)*, alors qu'on nous accusait de vouloir entraver l'œuvre de la justice, uniquement parce que nous restions fidèles à nos opinions!

M. PIERRE RICHARD. — Il y a certaines solidarités fâcheuses. *(Bruit au centre.)*

M. PAUL DESCHANEL. — Et de tout cela qu'est-il sorti? Rien, rien, rien! Sur ce point comme sur tous les autres, la banqueroute!

Le second article de ce programme était celui dont l'honorable M. Goblet nous parlait tout à l'heure, l'impôt général sur le revenu; c'était la grande pensée du règne!

On nous a apporté un projet; nos orateurs ont discuté longuement avec les vôtres. Mais, quand il s'est agi de voter, on a eu recours à la tactique, toujours la même, qui a été employée pendant six mois et qu'on essaye de renouveler encore aujourd'hui. Cette tactique, il faut la définir...

A L'EXTRÊME GAUCHE. — Précisez!

M. PAUL DESCHANEL. — C'est ce que je fais.

Discutons-nous, par exemple, la revision de la Constitution : comme le Cabinet radical était forcé de nous donner raison, à nous, sur le fond des choses, et de donner tort à ses amis, il s'arrangeait de manière, au moment du vote, à leur donner une satisfaction d'amour-propre et l'apparence de la victoire. *(Très bien! très bien! au centre et à droite.)*

Débattions-nous une question d'ordre judiciaire? Vite, on faisait dévier le débat sur la politique générale. Pourquoi? Parce qu'il est toujours facile, à la fin d'une interpellation, de combiner un ordre du jour plus ou moins habilement conçu... *(Applaudissements au centre.)*

A L'EXTRÊME GAUCHE. — C'est vous qui faites dévier le débat!

M. JOSEPH JOURDAN (Var). — On semble croire que le ministère Bourgeois est toujours debout.

M. PAUL DESCHANEL. — ... et de faire voter la Chambre, non sur l'objet même du débat, mais sur des termes plus ou moins vagues, plus ou moins équivoques, où chacun met ce qu'il veut : *réformes démocratiques, progrès républicain, marche en avant,* que sais-je? toute cette logomachie vide et vaine et creuse autour de laquelle il est aisé de réunir les opinions les plus diverses et de grouper une majorité. *(Applaudissements au centre. — Interruptions à l'extrême gauche.)*

Si bien que ce grand peuple, épris de logique et de clarté, est devenu la proie des mots, le jouet d'artifices de procédure et de subtilités réglementaires! *(Interruptions à l'extrême gauche. — Vifs applaudissements au centre.)*

On a fait exactement la même chose pour cette question, maîtresse pourtant, de l'impôt sur le revenu. On a mis un certain nombre de députés dans cette situation de voter un principe dont ils savaient, dans leur for intérieur, ne pas pouvoir accepter les conséquences... *(Réclamations à l'extrême gauche.)*

M. PAUL DOUMER. — Qui donc?

Plusieurs membres à l'extrême gauche. —Nommez-les !

M. PAUL DESCHANEL. — On a fait voter une formule qui abritait des systèmes absolument contradictoires. *(Applaudissements au centre.)* Et quand, à l'appel loyal de M. Méline, il a fallu se prononcer sur ce qui était la condition essentielle de la réforme, condition tellement indispensable que c'était là, comme le disait avec sa précision lumineuse mon ami Poincaré, toute la question, ce texte qui contenait tout, on l'a dérobé au vote de la Chambre! *(Vifs applaudissements au centre et sur divers bancs à gauche et à droite. — Interruptions et bruit à l'extrême gauche.)*

M. LE PRÉSIDENT. — Je ferai remarquer à l'orateur que c'est la Chambre qui, souverainement, a donné la priorité aux formules sur lesquelles elle a voté. *(Applaudissements.)*

M. PAUL DESCHANEL. — Oui ! pour échapper aux prises de l'adversaire, vous jetiez du lest ; mais ce lest, ce bagage encombrant, c'étaient toutes vos idées, toutes vos doctrines, tout ce qui était votre raison d'être.

Et propter vitam vivendi perdere causas...

(Vifs applaudissements au centre. — Bruit prolongé à l'extrême gauche.)

M. LE PRÉSIDENT. — Messieurs, veuillez garder le silence et ne pas interrompre l'orateur par des tumultes dont je ne puis pas saisir les auteurs.

Il ne vous appartient pas de rendre le débat impossible !

Je prie la Chambre, toute la Chambre, de vouloir bien me soutenir quand je m'efforce de faire respecter l'autorité de ses décisions. *(Applaudissements.)*

Il m'est arrivé autrefois de faire respecter, avec la même difficulté, des décisions qui émanaient d'une autre fraction de l'Assemblée. Je demande à toutes les fractions de la Chambre de permettre au Président de faire son devoir dans un cas comme dans l'autre. *(Nouveaux applaudissements.)*

M. PAUL DESCHANEL. — Et alors, comme, sur le fond des choses, sur les idées, le gouvernement radical était absolument impuissant à satisfaire son parti, par une conséquence naturelle, logique, il dut lui donner des satisfactions d'un autre ordre, des satisfactions d'ordre temporel, administratif et électoral. *(Rires et applaudissements au centre. — Réclamations à l'extrême gauche et sur plusieurs bancs à gauche.)*

Et, au lieu de la grande bataille d'idées...

M. JOSEPH JOURDAN (Var). — Quels sont ceux qui ont voté pour ce motif ?

M. PAUL DESCHANEL. — ... de doctrines, de principes, que nous attendions et qu'on nous avait annoncée...

(M. Faberot prononce quelques paroles qui ne parviennent pas jusqu'au bureau.)

M. LE PRÉSIDENT. — Monsieur Faberot, puisque vous persistez à interrompre, je vous rappelle à l'ordre.

M. PAUL DESCHANEL. — C'est sans doute parce que M. Faberot siège à la place où siégeait jadis Berryer, qu'il interrompt toujours ! *(On rit.)*

Je dis qu'au lieu de la grande lutte d'idées, de doctrines, de principes, qu'on nous avait promise et que nous attendions, nous avons eu en réalité

des questions de clientèle. *(Exclamations à l'ex-*
trême gauche. — Très bien ! très bien ! au centre.)

M. JAURÈS. — Très bien ! c'est complet.

M. PAUL DESCHANEL. — Voici quelqu'un que
vous écouterez peut-être en silence, messieurs,
c'est l'ancien chef du parti radical, M. Clémenceau, qui, au mois de février dernier, disait
dans la *Justice :* « Les radicaux ont été assez
modestes jusqu'ici pour n'avoir guère connu
d'autre emploi que celui d'auxiliaires du parti
collectiviste. » *(Rires au centre. — Interruptions à*
l'extrême gauche.)

Messieurs, la démonstration est faite. Le parti
radical a eu le pouvoir pendant six mois ; il n'a
pu appliquer, ni même commencer à appliquer,
un seul article du programme radical. *(Rires iro-*
niques à gauche et à l'extrême gauche.)

A L'EXTRÊME GAUCHE. — A qui la faute ?

M. PAUL DESCHANEL. — L'expérience qui
vient d'être faite pour la première fois est assez
considérable, assez décisive dans l'histoire des
idées politiques contemporaines, pour qu'il soit
nécessaire d'en tirer la conclusion, la moralité
qu'elle comporte.

On nous parle sans cesse du vieil esprit
républicain, du vieux parti républicain, du

vieux programme républicain, et, par parenthèse, il est assez piquant de constater que
certaines personnes, qui ont sans cesse ces mots
à la bouche, ont traîné dans l'Empire ou dans
le boulangisme! *(Applaudissements répétés au
centre.)*

Le vieux parti républicain? le vieux programme
républicain?

M. RENÉ GOBLET. — Celui de 1869!

M. PAUL DESCHANEL. — Oui, celui de 1869;
que disait-il?

M. ALPHONSE HUMBERT. — Et on dira que
c'est nous qui faisons dévier la question !

M. PAUL DESCHANEL. — En premier lieu, la
suppression des armées permanentes, — au
lendemain de Sadowa, à la veille de Sedan!
(Exclamations à l'extrême gauche.)

M. MILLERAND. — L'argument n'est pas digne
de vous.

M. PAUL DESCHANEL. — Puis, l'élection des
fonctionnaires et des juges... *(Bruit sur les mêmes
bancs.)*

M. JOSEPH JOURDAN (Var). — Vous interpellez
Jules Favre?

M. MARCEL HABERT. — Il y a eu la guerre de
1870 depuis cette époque !

M. LE PRÉSIDENT. — Messieurs, encore une fois, voulez-vous que je lève la séance ? Veuillez écouter l'orateur et le laisser maître de sa discussion. Vous lui répondrez.

M. PAUL DESCHANEL. — L'élection des juges, qui donne, aux États-Unis, de si beaux résultats : une magistrature vénale et la politique dans le prétoire! Et je demande s'il est un seul homme, à cette heure, dans le Parlement, qui soit prêt à reprendre la proposition que MM. Bethmont et Magnin firent, en 1871, à l'Assemblée nationale : des préfets élus?

Ensuite, le mandat impératif, dont ce pauvre Anatole de la Forge disait que, plutôt que de s'y soumettre, il préférerait balayer la rue !

Idées aussi vieilles, aussi surannées, aussi démodées, aussi étrangères aux besoins et aux aspirations de notre temps, que les cris enthousiastes en l'honneur de la Pologne, les panégyriques des progrès de la Prusse ou les discours enflammés en faveur de l'unité italienne!

Enfin la suppression du budget des cultes et de l'ambassade au Vatican. *(Bruit et interruptions à l'extrême gauche.)*

M. SAUTUMIER. — Attendez le silence. Nous voudrions vous entendre.

M. LE PRÉSIDENT. — Donnez donc ce conseil autour de vous.

M. PAUL DESCHANEL. — La suppression du budget des cultes? Oui, sans doute, cette idée est conforme au mouvement général de la civilisation : car, tandis que, dans les pays d'Orient, le spirituel et le temporel sont confondus, au contraire, à mesure que l'on avance vers l'Occident, vers les races jeunes, vers l'avenir, ils se séparent de plus en plus. Mais il s'agit de savoir si, dans le moment présent de notre histoire, dans l'Europe telle qu'elle est constituée socialement et politiquement, une telle mesure est conforme aux intérêts de la politique française. Ce qui est certain, c'est que les plus grands des républicains qui avaient signé le programme de 1869, à commencer par Gambetta et Jules Ferry, n'ont pas cru pouvoir en prendre l'initiative, une fois arrivés aux affaires. Et alors on les a accusés d'apostasie ! Croyez-vous donc que, s'ils renonçaient ainsi au programme qu'ils avaient accepté sous l'Empire, c'était pour le plaisir de renier leur passé, de fouler aux pieds leur ancien idéal ? Non : c'est parce que la réalité s'est dressée devant eux ; ils se sont heurtés à la résistance des faits. Ce ne sont pas les hommes qui ont failli aux idées ; ce sont ces idées qui ont failli à la réalité et à l'histoire! *(Applaudissements au centre.)*

Ici même, depuis sept ans, depuis neuf ans, la suppression du budget des cultes a perdu 55 voix, et la suppression de l'ambassade au Vatican, 75 voix.

Chaque avènement partiel des radicaux aux affaires a amené la décadence partielle des idées radicales dans le Parlement et dans le pays. *(Nouveaux applaudissements au centre.)*

Ce vieux programme d'opposition, de guerre, fait il y a trente ans pour détruire le régime impérial, mais non pour faire vivre la République en 1896, est tombé en poussière au contact des réalités du pouvoir. *(Interruptions à gauche. — Très bien ! très bien! au centre.)*

M. BOVIER-LAPIERRE. — Il s'est évanoui à votre contact.

M. PAUL DESCHANEL. — Le programme radical est un anachronisme.

Les socialistes le savent bien ! M. Jaurès, en 1888, avant l'évolution, avant que son talent oratoire eût trouvé ces éternels thèmes d'éloquence qui ont alimenté à travers les âges l'éloquence des pères de l'Église et de tous les prédicateurs *(Rires)*, la revendication des humbles, des souffrants, des opprimés, M. Jaurès, dans un article de *la Dépêche* de Toulouse, dont il n'a certainement pas perdu le souvenir, jugeait la politique radicale; il parlait de ces demi-lumières, de cette demi-culture, de cette demi-instruction en matière historique, économique, morale, de ces solutions sommaires, tranchantes et hautaines sur les problèmes les plus complexes de nos grandes sociétés modernes : « Dans le monde des idées, disait-il, ils ne sont guidés que par des mots ! »

Et alors le socialisme, — qui n'est autre chose que le jacobinisme transporté de l'ordre politique dans l'ordre économique et social, — le socialisme, qui offre à l'imagination des foules non plus seulement un programme théorique, abstrait, mais je ne sais quel paradis artificiel, profite de toutes les déceptions du radicalisme et escompte son héritage. *(Applaudissements au centre.)*

Voilà la seule politique vraiment vivante qui se dresse aujourd'hui en face de la nôtre ; et c'est entre ces deux politiques qu'il faut et qu'il faudra de plus en plus choisir désormais.

Il y en avait jadis une troisième, celle dont M. Léon Bourgeois vint tracer ici les grandes lignes au mois de novembre 1894, dans un discours mémorable, évidemment très médité, plein d'art, où il s'était mis tout entier, où il avait déployé toutes les ressources, toute la souplesse de son esprit... *(Interruptions à l'extrême gauche.)*

Eh oui! messieurs. N'est-il donc plus permis de rendre justice aux hommes dont on combat les idées?

M. LE PRÉSIDENT. — L'orateur a raison, et vraiment, messieurs, s'il y a un moment où il est incompréhensible que vous l'interrompiez, c'est celui-ci. *(Très bien! très bien!)*

M. PAUL DESCHANEL. — M. Léon Bourgeois nous exposait alors son idéal politique. Pour éviter qu'une fraction du parti républicain fût précipitée vers le collectivisme et que l'autre inclinât vers la réaction, il voulait trouver des points de contact, d'entente, entre les radicaux et nous : dessein très louable, certes, et très généreux!

M. LÉON BOURGEOIS. — Ce sont vos amis qui m'en ont empêché.

M. PAUL DESCHANEL. — Nous allons voir cela.

Qu'est-il arrivé? On vous a offert une première fois le pouvoir : vous n'avez pas réussi à réaliser votre conception. On vous l'a offert une seconde fois, et vous n'y avez pas réussi davantage.

(Exclamations à l'extrême gauche et sur divers bancs à gauche.)

M. LÉON BOURGEOIS. — Je vais être obligé de demander à l'honorable M. Méline la permission de reprendre pour quelques minutes la présidence du Conseil, afin de pouvoir vous répondre. *(Applaudissements et rires à l'extrême gauche et sur divers bancs à gauche.)*

M. PAUL DESCHANEL. — Je reconnais là votre esprit, mais quand on est aussi habile que vous à la tribune, on n'a pas besoin de passer par le banc des ministres.

Je dis qu'une première fois on vous a offert le pouvoir et que vous n'avez pas pu réaliser votre conception ; qu'on vous l'a offert une seconde fois et que vous ne l'avez pas pu davantage ; pas plus que l'honorable M. Sarrien ces jours-ci ; pas plus que qui que ce soit ne le pourra jamais plus.

M. BOVIER-LAPIERRE. — A cause de vous !

M. PAUL DESCHANEL. — M. Bovier-Lapierre me dit : « A cause de vous ! »

M. LE PRÉSIDENT. — Messieurs, je vous en prie, n'interrompez pas l'orateur.

M. GOUJAT. — M. Bovier-Lapierre a raison : oui, c'est à cause de vous.

M. LE PRÉSIDENT. — Monsieur Goujat, je vous rappelle à l'ordre.

M. PAUL DESCHANEL. — Les radicaux disent à nos amis : « A cause de vous » ; et ceux-ci, de leur côté, leur adressent le même reproche.

Eh bien non ! c'est l'esprit de parti qui, de part et d'autre, s'exprime de la sorte. Non, ce n'est pas la faute des hommes ; c'est à leur honneur, au contraire !

C'est parce que les uns et les autres ont des principes, des idées — et qu'ils y tiennent — et que ces idées sont inconciliables, c'est pour cela que, dès qu'on précisait, on ne pouvait plus s'entendre sur un programme commun. *(Applaudissements au centre et sur divers bancs à gauche.)*

N'abaissons donc pas nos luttes politiques en disant que c'est uniquement l'ambition, l'intérêt personnel, l'égoïsme, qui nous guident les uns et les autres, et qui ont fait échouer à diverses reprises ces tentatives de résurrection de la concentration.

Non : lorsque, dans les pourparlers en vue de cette sorte de combinaisons ministérielles, radicaux et non radicaux ont voulu se mettre d'accord, par exemple sur cette question capitale de l'impôt sur le revenu, ils n'ont pu y réussir, et les négociations ont échoué, parce qu'il y a là des idées incompatibles, et que les uns et les autres partent de principes opposés. *(Interruptions à l'extrême gauche.)*

J'ai des amis personnels très chers parmi ceux qui rêvent encore de ressusciter la concentration ; ils ont, je le sais, le légitime souci d'intérêts électoraux respectables ; ils ont conservé le souvenir des grands résultats obtenus par cette union de tous les républicains, alors qu'elle était nécessaire pour conquérir le pouvoir contre les anciens partis ; je respecte leurs scrupules, je rends hommage à leurs intentions ; mais je dis que désormais leurs tentatives seront vaines. Et je demande la permission de rappeler le mot pittoresque du grand Frédéric à propos de sa campagne de Silésie, alors qu'il voulait faire de son petit Électorat de Brandebourg un royaume, une puissance ; il disait, dans son français exotique : « Il fallait *décider* cet être. »

Eh bien, il faudra, coûte que coûte, décider ces esprits : il n'y a plus de place, dans la politique française, pour les amphibies ! *(Applaudissements sur divers bancs.)*

Un dernier mot :

M. Goblet a dit : « La Chambre, après avoir

voté l'ordre du jour du 27 avril, ne peut pas se déjuger. »

Qu'il me permette de lui faire observer que la situation d'aujourd'hui est toute différente de celle de l'autre jour. *(Rires à l'extrême gauche.)*

Vous avez tort de rire, et voici pourquoi : l'autre jour, il n'y avait pas de ministère sur ces bancs. Encore une fois, croyez-vous donc que tous, dans le parti républicain, nous n'acceptons pas la suprématie du Suffrage universel?

M. MONTAUT. — Il fallait voter dans ce sens, alors !

M. PAUL DESCHANEL. — Nous n'avons pas voulu prendre part au vote parce qu'il n'y avait pas de ministère et que, comme l'a expliqué en notre nom notre ami M. Maurice Lebon, cette procédure ne nous paraissait pas conforme aux bonnes règles parlementaires. Aujourd'hui, au contraire, nous sommes en présence, non plus d'une formule vague, mais d'un gouvernement responsable et d'un programme défini.

Par conséquent, si un certain nombre de nos amis ont voté cette formule l'autre jour, rien ne les empêche d'approuver aujourd'hui la déclaration du Gouvernement et les idées de réformes qu'elle contient; il n'y a là nulle contradiction.

Enfin, M. Goblet a répété une fois de plus qu'il faut nécessairement choisir entre la politique qu'il défend et une politique réactionnaire. C'est avec cet énorme sophisme qu'on prétend mener le pays. *(Très bien! très bien! au centre.)*

Eh bien, non ! il suffit d'énoncer cette assertion pour en montrer la fausseté. Je suis sûr que votre sagesse et votre courage en feront justice.

Vous ne vous laisserez pas envahir par ce mal que je signalais dès le début de la législature et que je dénonce aujourd'hui avec plus d'énergie que jamais, ce mal honteux des démocraties, qui les pourrit, qui les gangrène et qui les tue : la peur de ne pas paraître assez avancé! *(Applaudissements répétés au centre et sur divers bancs à gauche et à droite. — L'orateur, en retournant à son banc, est félicité par un grand nombre de ses collègues.)*

LA POLITIQUE RÉPUBLICAINE.

DISCOURS PRONONCÉ A MARSEILLE

le 26 octobre 1896.

Mes chers concitoyens,

Votre appel m'a vivement touché. C'est un grand honneur pour moi de prendre la parole devant un tel auditoire, dans cette ville unique au monde.

Je ne viens pas faire ici œuvre de polémique ; je viens simplement rechercher avec vous quelle peut être, dans l'état présent des affaires, la politique la plus avantageuse au pays.

LA TYRANNIE DES FORMULES.

En même temps, je crois utile de préciser le sens de certain termes. Jamais, en effet, la

France n'a eu plus besoin de clarté. Les définitions confuses, les formules équivoques, les mots à double et à triple entente sont les fléaux de ce pays. Les idées vagues lui font encore plus de mal que les idées fausses. On en pourrait dire ce que Chamfort disait des sots : « Les sots sont les troupes légères de l'armée des méchants ; ils font plus de mal que l'armée même, ils infestent, ils ravagent ». *Impôt sur le revenu; revision; socialisme; collectivisme; propriété sociale; progressiste* : il n'est pas un de ces mots qui ne serve à dire les choses les plus différentes, et l'obscurité des termes, en égarant l'opinion, couvre toutes les défaillances de caractère et toutes les capitulations de conscience. *(Applaudissements.)*

Pendant quinze ans, la France a voté sur des idées très simples : pour ou contre la monarchie, pour ou contre la république; à présent qu'il s'agit, non plus de fonder ou de défendre, mais d'organiser le régime, elle doit se prononcer sur des questions de plus en plus complexes, parfois ardues, et le premier devoir des hommes publics est de les lui exposer avec précision.

Est-il vrai, comme on le répète chaque jour, que les républicains, les républicains sans épithète, ceux qui ne sont ni radicaux ni socialistes, veuillent le *statu quo*, l'immobilité? Est-il vrai que, seuls, les radicaux et les socialistes méritent le nom de *progressistes*, et que la France n'ait le choix qu'entre eux et la réaction?

RÉACTION DE GAUCHE
ET RÉACTION DE DROITE.

Je me propose de montrer le contraire. J'indiquerai, après toutes les grandes réformes que nos amis ont réalisées déjà, les autres œuvres nombreuses, considérables, que nous voulons accomplir encore. Et je ferai voir que, quand nous refusons de suivre les radicaux et les socialistes, ce n'est pas du tout — comme je l'entends dire souvent — parce qu' « ils vont trop vite », — j'estime pour ma part qu'on ne saurait marcher assez vite dans la voie du progrès; — non : c'est au contraire parce que, sur certains points essentiels. ils vont à rebours du progrès, en sens inverse de l'histoire, de la civilisation et de la science. Que de fois n'a-t-on pas vu, chez tous les peuples, à toutes les époques, les hommes, les partis qui se croyaient le plus « avancés », prendre, en s'imaginant marcher vers l'avenir, la route du passé! Il y a une réaction de Gauche comme il y a une réaction de Droite ; nous ne voulons ni de l'une ni de l'autre. *(Applaudissements.)*

Voici trois exemples à l'appui de ma proposition :

L'IMPÔT SUR LE REVENU.

D'abord, l'impôt sur le revenu.

De quoi s'agit-il ?

Il s'agit de remplacer deux de nos contributions directes, — la contribution personnelle et mobilière et celle des portes et fenêtres, — par un impôt de redressement, de correction, destiné à compenser en outre l'improportionnalité de nos impôts de consommation, qui pèsent relativement plus sur les pauvres que sur les riches. L'idée est parfaitement juste.

Cette idée, les radicaux et les socialistes veulent la réaliser au moyen de l'impôt sur le revenu, c'est-à-dire de la déclaration ou de la taxation. Nous, au contraire, nous demandons que le revenu du contribuable soit évalué d'après l'ensemble des signes extérieurs de sa fortune, — non seulement le loyer, qui ne correspond pas nécessairement au chiffre du revenu, mais aussi le nombre des enfants, celui des domestiques, des chevaux, des voitures de luxe, la situation de famille, la profession, l'étendue de l'exploitation agricole, etc., — bref, tous ces éléments tangibles qui nous paraissent plus sûrs que le dire de l'intéressé, ou de son voisin, ou de son rival.

Ainsi, nous différons d'avis sur la façon de constater, d'évaluer le revenu; c'est sur ce point que porte la controverse. Jusqu'ici, rien de plus clair.

Mais voici où commence la confusion :

On laisse croire au pays que seul, le système de la déclaration ou de la taxation permet de dégrever les petits contribuables et de surtaxer les riches, et un très grand nombre de personnes s'imaginent, de la meilleure foi du monde, que les exemptions et les dégrèvements sont liés à l'impôt sur le revenu et dépendent de l'adoption de ce système. Or, c'est là une erreur manifeste ; et c'est cette erreur qui pèse lourdement, à l'heure qu'il est, sur la situation politique.

Quel que soit le mode adopté pour évaluer le revenu du contribuable, le législateur pourra toujours l'exempter, le dégrever ou le surtaxer dans la mesure où il le croira juste pour compenser les inégalités des contributions indirectes.

Ainsi, il y a là deux ordres d'idées bien différents : d'une part, le procédé au moyen duquel l'agent du fisc atteint la matière imposable; d'autre part, le taux suivant lequel le contribuable doit être taxé, le chiffre de la contribution. C'est la confusion de ces deux questions qui égare l'esprit public. Tant qu'elle ne sera pas dissipée, tant que le pays n'aura pas compris qu'il y a là deux problèmes indépendants l'un de l'autre, qui ne se commandent pas, et qui peuvent être étudiés et résolus séparément, il marchera à l'aventure et votera dans les ténèbres. *(Applaudissements.)*

Ainsi, pas plus que nos contradicteurs, nous ne voulons le maintien de l'état de choses actuel; comme eux, nous voulons supprimer la personnelle-mobilière et les portes et fenêtres; comme eux, nous voulons y substituer un impôt compensateur, afin de corriger l'arbitraire de nos contributions indirectes.

Mais ce que nous repoussons, c'est ce mode d'évaluation qui met le contribuable face à face avec les agents du fisc et qui l'oblige à débattre contradictoirement avec eux le chiffre de sa fortune, l'état de ses affaires, ce qu'il a gagné, dépensé, consommé dans l'année, lui, sa famille, sa maison; ce que nous ne voulons pas, c'est que le contribuable loyal paye pour le moins scru-

puleux ; c'est que les revenus du travail, de la
richesse en formation, soient condamnés à payer
autant que les revenus du capital, de la
richesse acquise, et qu'un artisan, un cultivateur
qui, avec sa famille, a gagné quelques milliers
de francs dans l'année, soit traité exactement sur
le même pied que le rentier ou le propriétaire ;
ce que nous ne voulons pas, c'est que le grand
propriétaire, le châtelain d'une commune, qui
souvent a des biens en plusieurs endroits, puisse
aller faire sa déclaration ailleurs (car l'impôt
personnel suit la personne), et par là, faire
retomber tout le poids des centimes additionnels
sur les petits contribuables, sur ceux-là mêmes
qu'on prétend dégrever ; ce que nous ne voulons
pas, c'est que les valeurs mobilières s'évadant, se
dissimulant, toute la charge de l'impôt retombe
sur ce qui ne peut fuir, sur les éléments visibles
de la richesse, sur la terre et sur l'usine. Nous
disons qu'il est matériellement impossible d'évaluer avec quelque certitude les revenus agricoles,
industriels et commerciaux, et que, taxer les
revenus agricoles d'après le prix des fermages,
comme le propose M. Doumer, c'est le pur
arbitraire, la pure injustice. Enfin, comment
oublier que ce procédé d'évaluation existait

sous l'ancien régime, qu'il a exaspéré la nation, qu'il n'a pas peu contribué à la chute de la monarchie, et que ç'a été justement un des plus grands bienfaits de la Constituante d'avoir aboli ce système exécré, source de tant d'abus et de vexations, et d'avoir proclamé le grand principe fiscal moderne : plus d'inquisition, plus de contact direct, plus de discussion personnelle entre le taxateur et le taxé, sur son patrimoine, son revenu, son gain ? *(Vifs applaudissements.)*

Il s'agit donc, — et c'est sur ce point précis, sur celui-là et non sur un autre, que porte le débat qui agite la France, — il s'agit de choisir entre le mode d'évaluation que la Constituante a aboli et celui qu'elle a institué, entre le système de l'ancien régime et celui de la Révolution. Nous sommes, nous, pour la Révolution, contre l'ancien régime, et c'est apparemment pour cela que ceux-là mêmes qui voudraient nous ramener à l'ancien régime, nous traitent de réactionnaires! *(Rires et applaudissements prolongés.)*

Voilà le premier exemple. Voici le second :

LA REVISION.

Autrefois, le premier article du programme radical était : « Assemblée unique; suppression du Sénat et de la Présidence ». En effet, pour l'ancien parti républicain, parti d'opposition et de guerre, sous la monarchie et l'empire, le gouvernement était l'ennemi ; il s'agissait de le réduire au strict minimum ; tout ce qu'on ôtait au pouvoir, on le donnait à la liberté. L'idéal constitutionnel classique des radicaux, c'est une assemblée gouvernant au moyen d'un Exécutif subordonné et toujours révocable ; à leurs yeux, la Présidence et le Sénat sont des institutions parasites, anti-démocratiques, des obstacles à la souveraineté du peuple.

Ces idées ont naturellement perdu beaucoup de force à mesure que le gouvernement, au lieu de sortir du droit divin, du cens ou de la candidature officielle, devenait l'expression et l'organe de la volonté nationale.

Aussi les esprits les plus déliés, les plus modernes du parti radical, — ceux notamment qui ont passé par les affaires, — ont-ils abandonné la vieille idée d'unité de Chambre : ils ne parlent plus de supprimer la Présidence et le Sénat ; ils reconnaissent même très haut l'utilité d'une seconde Chambre ; seulement, comme ils sont pris entre les nécessités évidentes de l'intérêt public et l'ancienne conception qui hante encore une fraction notable de leur parti, ils s'arrêtent à un moyen terme et proposent de réduire les droits du Sénat à un simple *veto* suspensif : une fois que le Sénat aurait donné son avis, la Chambre pourrait toujours n'en tenir aucun compte et passer outre. Voilà ce qu'on nous offre : un corps purement consultatif. Mais alors, à quoi bon un Sénat? Un conseil d'État suffit! Ce système, nous le connaissons, et nous en avons vu les effets : c'est la concentration de tous les pouvoirs réels aux mains d'une Chambre.

Alors, pourquoi ne pas le dire? Pourquoi protester de votre déférence envers le Sénat, au moment même où vous voulez lui ôter toute force et toute vie? Pourquoi dire que vous voulez le maintien d'une Assemblée d'appel, alors qu'en réalité vous ne voulez qu'une Chambre consultative? Pourquoi vous proclamez-vous partisans du régime parlementaire, alors que toutes vos conceptions, tous vos desseins, vont droit au régime Conventionnel? *(Applaudissements.)*

Où est donc le mal dont souffre la France? Il est dans les divisions des partis, dans l'absence d'une majorité sûre à la Chambre, dans l'instabilité qui en résulte; et il est dans la tendance croissante de cette Chambre à mettre la main sur l'administration et sur le gouvernement lui-même, sur la vie nationale tout entière, — comme si les députés, au lieu d'être les mandataires de la Nation, en étaient les maîtres ! *(Bravos et applaudissements prolongés.)*

Eh bien, comment ne pas voir que, plus le Sénat sera affaibli, et plus l'équilibre entre les pouvoirs publics sera rompu, plus la Chambre, au lieu de se borner, comme c'est sa fonction et son devoir, à légiférer et à contrôler l'Exécutif, aura de facilité à empiéter sur lui, et plus, par conséquent, la direction de nos affaires, au dedans et au dehors, pourra se jouer à chaque instant sur un incident de quatrième ou de cinquième ordre, sur un coup de dés, sur de petites batailles accessoires qui, dans un État bien ordonné, ne devraient avoir aucune influence sur la marche de la politique générale ?

Au contraire, on s'ingénie à ébranler sans relâche les parties relativement stables, relativement fixes de nos institutions ; on n'a pas de cesse qu'on n'ait réduit à l'impuissance les pouvoirs qui, en face de ministères toujours changeants, représentent l'esprit de suite et la permanente unité de l'État ; jamais le Sénat et le Président de la République ne sont assez effacés ; et, si nous parlons d'appliquer la Constitution, on crie au pouvoir personnel ! Et l'on s'imagine par là servir la cause des réformes et du progrès, alors que le principal obstacle au progrès et aux réformes est dans les perpétuels changements de ministres ! *(Vifs applaudissements.)*

« Le Sénat, dit-on, entrave la marche de la démocratie. » Pourtant, il a voté les lois sur l'enseignement, sur l'armée, sur les syndicats, sur la presse et le colportage, sur le droit de réunion, sur l'élection des maires, sur l'organisation municipale et les syndicats de communes, sur le divorce, les faillites, la protection des enfants abandonnés, les délégués à la sécurité des ouvriers mineurs, la suppression des livrets ouvriers, la conciliation et l'arbitrage, les sociétés coopératives de production et de consommation et la participation aux bénéfices, les sociétés de secours mutuels, l'hygiène et la sécurité des travailleurs dans les établissements industriels, l'assistance médicale gratuite, les caisses d'épargne, les habitations à bon marché, le paiement des salaires, le crédit agricole, les conseils de prud'hommes, les caisses de secours et de retraites des ouvriers mineurs, les erreurs judiciaires, la loi Bérenger, la réforme des frais de justice, les dégrèvements et les réformes fiscales ; il a même voté, en 1884, en même temps que la revision de la Constitution, sa propre réforme électorale.

S'il n'a pas adopté tout d'abord la loi fixant à onze heures la journée de travail des femmes et des enfants dans les manufactures, les difficultés que cette mesure a rencontrées dans la pratique montrent qu'il y avait là de quoi faire hésiter les meilleurs esprits.

Ce sont des difficultés analogues qui ont arrêté jusqu'ici la loi des accidents, réforme très délicate, mais urgente, qui, je l'espère, aboutira bientôt.

Non, le vrai crime du Sénat, c'est de s'être mis en travers du radicalisme allié au collectivisme, comme il s'était mis en travers du césarisme. *(Applaudissements.)* Voilà ce qu'on ne lui pardonne pas. Et la preuve, c'est que le ministère radical, non seulement n'a pas proposé la revision, mais l'a fait écarter. *(Très bien ! très bien ! On rit.)*

Au fond, les radicaux sont restés profondément imbus de la conception constitutionnelle de ce « vieux parti républicain » qu'ils invoquent sans cesse. Or, cette tendance à tout ramener à l'unité est ce qu'il y a de moins conforme à la complexité croissante des sociétés modernes ; rien n'est plus anti-scientifique, plus contraire aux leçons de l'histoire. Nous retrouvons là ce goût de l'abstraction, de la logique pure — qu'on prend pour des principes — et qui est juste le contraire de l'esprit scientifique et historique. L'idéal constitutionnel radical est un pur anachronisme, — comme bien d'autres articles de l'ancien programme, tels que la suppression des armées permanentes, l'élection des fonctionnaires et des juges, le mandat impératif ; et ces soi-disant novateurs, qui se croient très hardis, et qui prétendent au monopole de l'esprit de progrès, tournent en réalité le dos à la véritable démocratie : car, dès qu'il y a dans un État un pouvoir omnipotent, — homme ou Chambre, — la souveraineté du peuple est confisquée. *(Applaudissements.)*

LES IDÉES SOCIALISTES.

J'arrive au troisième exemple : je veux parler des idées fondamentales du socialisme.

Quand les socialistes demandent l'extension de la propriété sociale, quand ils parlent de concilier

la propriété collective avec la propriété individuelle, il faut bien s'entendre : le but qu'ils se
proposent n'est pas de généraliser la propriété
sociale, publique, telle que nous la voyons se
développer sous nos yeux : biens de l'État, des
départements, des communes. Que chaque Français soit 38 millionnième copropriétaire du
Louvre, des Champs-Élysées ou de la Canebière,
ce n'est pas cela qui améliorera sa condition. Il ne
faut pas confondre la propriété *collective* avec la
propriété *collectiviste*, qui n'est autre chose que
la reconstitution, au profit de la « collectivité »,
de ce droit de propriété souveraine, qui jadis
appartenait au prince et d'où découlait pour lui
le droit de confiscation. *(Mouvement.)*

Quand nous prononçons le mot « partage » les
socialistes se récrient : « Vous ne comprenez pas,
disent-ils; ces deux mots « communauté » et
« partage » hurlent d'être accouplés ! » Et les
malins ajoutent : « C'est la propriété individuelle
qui est le partage. » — Comme si l'ordre socialiste — la restauration de ce qu'on appelait le
droit *éminent* de propriété au profit de « la collectivité » — n'avait pas précisément pour objet
une répartition nouvelle des biens par voie d'autorité! Donc, ici encore, ce qu'on nous propose

sous couleur de progrès, c'est de remonter le
cours des âges, d'anéantir l'œuvre essentielle de
89 et de restaurer ce dédoublement du droit de
propriété qu'elle a eu la gloire d'abolir. Ce qu'on
veut, c'est attribuer à « la nation » — c'est-à-dire,
en fait, aux comités de la révolution sociale —
le droit de propriété souveraine sur tous les
capitaux, et par suite, le droit d'en disposer à sa
guise. Perspective rassurante ! *(Vifs applaudissements.)*

Nous discutions récemment à la Chambre
doctrines socialistes ; je m'attachais à démontre,
la fausseté de la théorie de la *plus-value* de Marx :
« Si je confie, disais-je, l'argent que j'ai gagné
par mon travail et économisé à un entrepreneur,
mon travail antérieur sert à faire travailler et à
faire vivre d'autres hommes : j'ai donc droit à
une part du profit. » Et M. Jules Guesde me
répondit : « Mais ce travail antérieur a déjà été
rémunéré ; vous voulez donc qu'il le soit deux
fois ? » Et ces paroles furent saluées à l'Extrême
gauche par les plus vives acclamations. Oui, c'est
là, en effet, un des dogmes fondamentaux du
socialisme : la suppression de l'intérêt des capitaux. Cela, non plus, messieurs, n'est pas neuf :
c'est l'ancien droit canonique. *(Rires.)* C'est la

règle de l'Église catholique au moyen âge, règle
à laquelle l'Église elle-même dut renoncer, car la
suppression de l'intérêt légal des capitaux, c'est
la réapparition fatale de l'usure, qui hâte l'en-
dettement de l'emprunteur ! Cette idée est également contraire à la justice et à la civilisation : à
la justice, parce que, en vous dessaisissant de
votre capital au profit de l'emprunteur, vous
perdez le pouvoir que ce capital vous donnait et
les chances de le faire fructifier, et, par là, vous
rendez un service qui mérite indemnité : et elle
est contraire à la civilisation, parce que, si l'on
ne pouvait plus tirer parti du capital au moyen
du prêt à intérêt, on n'économiserait plus ou
l'on thésauriserait, c'est-à-dire que la formation
du capital cesserait ou deviendrait sans utilité.
Les socialistes se plaignent, non sans raison, de
la vie oisive que l'intérêt de l'argent permet à
quelques hommes de mener ; mais ils perdent de
vue le service social qu'il rend en créant des instruments de travail et en accroissant la puissance
productive de la société. La suppression de l'intérêt des capitaux serait un coup mortel porté à
la civilisation. *(Applaudissements prolongés.)*

Ainsi donc, pour résumer cette première partie
de mes observations : dans l'ordre fiscal, la décla-

ration et la taxation ; dans l'ordre constitutionnel, l'omnipotence, en droit ou en fait, d'une assemblée ; puis, la restauration de la propriété régalienne et le dédoublement du droit de propriété ; la suppression de l'intérêt des capitaux : telles sont les idées que nous repoussons, non parce que leur nouveauté et leur hardiesse nous effrayent, mais parce que ce sont des débris de formes sociales disparues, condamnées par l'expérience. Ce n'est pas l'avenir qui se dresse devant nous, c'est le passé ; ce ne sont pas des idées neuves, ce sont des idées mortes. *(Vifs applaudissements.)*

Eh ! mes chers concitoyens, c'est l'amertume, c'est la misère de notre dur métier, à nous autres politiques, que chaque génération survenante, ignorante du passé, ramène avec elle les mêmes préjugés, les mêmes sophismes, dont la raison et la science ont vingt fois fait justice, et prennent pour de séduisantes nouveautés les vieilles et funestes erreurs qui ont traîné à travers vingt siècles d'histoire !

Et, si par probité d'esprit et de cœur, nous nous refusons à retourner vers un passé mort et à accepter des erreurs dont la défense nous rendrait populaires, alors ceux qui n'ont rien lu, rien étudié, — et d'autres, ceux qui les flattent et les exploitent, — nous traitent d'ennemis du progrès, d'esprits rétrogrades ou timorés! *(Acclamations.)*

PROGRAMME DE RÉFORMES.

Je viens de dire ce dont nous ne voulons pas. Je vais dire maintenant ce que nous voulons. Voyons si, comme on le prétend, notre politique est purement négative ?

RÉFORMES FISCALES.

En matière fiscale, — outre la taxe compensatrice dont j'ai parlé, et qui serait, à vrai dire, un impôt sur le revenu, mais à la française, et non à l'allemande, l'impôt sur le revenu sans inquisition ni vexation, — nous devons faire aboutir d'abord les trois réformes que la Chambre a votées et qui sont actuellement au Sénat : boissons, octrois et successions.

Nous aurons à discuter prochainement, à la lumière des enquêtes poursuivies en ce moment même en Russie et en Suisse, le monopole de la rectification de l'alcool au double point de vue des finances et de la santé publique.

L'agriculture se plaint à bon droit de ce que
la propriété est immobilisée et de ce que les
entreprises d'amélioration foncière sont décou-
ragées par les charges qui pèsent sur les trans-
missions, et qui sont plus élevées en France que
partout ailleurs. *(Approbation.)*

RÉFORMES BUDGÉTAIRES.

Mais la condition première de toute amélioration fiscale, c'est l'arrêt des dépenses. Or, il n'y a
qu'un moyen pratique d'y mettre un frein, c'est
celui qu'a adopté le Parlement anglais et que
Gambetta en 1881 voulait introduire chez nous:
c'est la règle qui consiste à réserver au gouvernement l'initiative des dépenses, ou au moins à
obliger tout député qui en propose de nouvelles
à les faire adopter d'abord par le gouvernement
et la commission du budget. *(Très bien ! très
bien !)*

L'abus de l'initiative individuelle a été une
des principales causes de la rupture de l'équilibre budgétaire. Chaque année, nos rapporteurs
dressent un tableau effrayant des augmentations
de dépenses et des diminutions de recettes qui
résultent de l'adoption de toutes les motions
individuelles. C'est en supprimant cet abus que

nos voisins ont guéri leurs plaies. La Chambre française qui accomplirait cet acte de sagesse et de courage réaliserait dans l'ordre financier le plus grand progrès peut-être qu'il soit possible de donner actuellement à notre pays, et se créerait un titre impérissable à la reconnaissance de la nation. *(Applaudissements.)*

J'ajoute que l'ordre de nos travaux et la physionomie de nos débats gagneraient singulièrement, si nous consacrions notre grande session, de janvier à juillet, à l'examen du budget, qui est notre grande affaire, au lieu de le voter hâtivement à la fin de l'année, sans même laisser au Sénat le temps de le discuter, ce qui est également contraire à l'intérêt financier du pays et à l'esprit du régime parlementaire. *(Nouvelle approbation.)*

Enfin, nous pourrions abréger les interminables discussions du budget en nous rapprochant de la méthode anglaise et en le divisant en deux parties : l'une comprenant les chapitres contestés, l'autre les chapitres non contestés.

RÉFORMES PARLEMENTAIRES.

Et ce que je viens de dire de nos méthodes budgétaires peut s'appliquer à notre mécanisme parlementaire en général. Si des lois importantes restent sur le chantier pendant dix ou douze ans, il ne faut pas s'en prendre seulement aux divergences d'opinion entre les deux Chambres, il faut en accuser notre procédure, qui est une des plus lentes et des plus arriérées de l'Europe. L'étude des règlements étrangers peut nous fournir d'utiles comparaisons, notamment pour l'organisation des commissions, pour la discussion des interpellations, — auxquelles on pourrait réserver, sauf le cas d'extrême urgence, une séance par semaine, — *(Applaudissements)* et aussi pour la facilité excessive laissée à tout député d'interrompre l'ordre du jour par une demande d'urgence.

RÉFORMES ADMINISTRATIVES ET JUDICIAIRES.

A côté des réformes d'ordre fiscal, budgétaire et politique, nous en poursuivrons d'autres, dans l'ordre administratif et judiciaire. Les projets de décentralisation que nous avons élaborés dans la commission extra-parlementaire et qui vont être déposés par le gouvernement à la rentrée serviront, je l'espère, de point de départ à des réformes plus étendues.

En matière judiciaire, notre tâche est plus vaste encore. Nous en sommes toujours au régime du premier Empire, au pur arbitraire du pouvoir exécutif. Nous ne voulons certes pas une magistrature élue ; mais nous voulons une magistrature également indépendante du justiciable et du gouvernement. Au point de vue de la nomination et de l'avancement des magistrats, la France ne jouit d'aucune des garanties dont jouissent depuis longues années les monarchies constitutionnelles qui l'entourent. La réforme des justices de paix sera le point de départ de l'organisation nouvelle.

RÉFORME DES CODES.

C'est devenu une banalité, — une banalité qu'il serait temps de faire disparaître, — de constater que notre Code de procédure civile est, en bien des points, un appareil rouillé ; que notre Code pénal et notre Code d'instruction criminelle sont à peu près les moins libéraux de l'Europe. Nous n'arriverons à guérir certaines plaies sociales, telles que la mendicité et le vagabondage, par exemple, ce fléau croissant de nos campagnes, que par un plan de réformes combinées dans l'ordre pénal, dans l'ordre pénitentiaire et dans les services de la police, en même temps que par le développement des institutions d'assistance par le travail.

De même, c'est par un ensemble de mesures fiscales, administratives et pénales, que nous combattrons efficacement l'alcoolisme et la dépopulation. Nous devons donner à l'agriculture la représentation légale qu'elle attend depuis trop longtemps, refondre notre système hypothécaire, reviser la législation sur les licitations et les partages. Nous devons modifier la loi sur les sociétés par actions ; réprimer l'agiotage et les accaparements... Je ne puis tout dire.

LA QUESTION SOCIALE.

Mais, s'il est un ordre de questions qui nous tiennent particulièrement au cœur, ce sont les questions ouvrières.

Comment, en effet, ne pas sentir ce qu'il y a aujourd'hui encore, d'affreusement misérable dans un grand nombre d'existences, ce qui reste d'injustice dans nos vieilles sociétés à la veille du xxe siècle? Plus on avance, plus on monte dans la vie, plus la Fortune vous sourit et vous comble de ses dons, — surtout aux jours béni, comme ceux que nous venons de traverser, où la force reconquise inonde le cœur d'espérance et de joie *(Applaudissements)*, — et plus on se tourne avec un redoublement de passion vers ceux qui peinent, qui souffrent, et qui, du berceau à la tombe, pris dans la roue de fer du destin, jamais, jamais ne connaîtront la douceur de vivre. Et il semble que toute heure perdue pour l'étude et l'allégement de leurs maux devienne à tout cœur bien placé comme un reproche et un trouble de conscience. *(Acclamations.)*

Certes, nous ne sommes pas avec ceux qui, sous prétexte de justice sociale, écrasent la personnalité humaine sous le joug de l'État. Mais nous croyons que l'État a d'autres devoirs que celui d'assurer l'ordre matériel; que son intervention peut être légitime quand l'individu est trop isolé ou sacrifié, quand l'association est encore trop faible ou quand il s'agit de préserver la société d'un mal. Nous croyons qu'il ne doit pas seulement aux peuples la justice au sens judaïque du terme, et qu'il a pour mission, non seulement de faire observer les lois, mais de rendre les lois plus justes, plus libérales, plus humaines, d'y mettre plus de fraternité, et pour tout dire d'un mot, plus de bonté. *(Nouveaux et vifs applaudissements.)*

Si nous n'admettons pas les exagérations du socialisme, nous n'admettons pas non plus celles de l'économie politique classique. Sans doute, nous gardons une reconnaissance éternelle aux grands esprits qui, comme Turgot, ont conquis à la France la liberté du travail; mais, si l'on comprend leur défiance systématique de l'action de l'État alors qu'ils avaient à lutter contre les abus de la royauté, alors que l'État était une autorité absolue sur les personnes et sur les biens, cette défiance a-t-elle les mêmes raisons d'être, aujourd'hui que l'État est l'agent de la société pour une mission d'ordre et de bien public ?

Et puis, nous ne pouvons perdre de vue que ce sont les théories erronées de l'École anglaise qui ont servi de base aux socialistes. Toute l'œuvre de Marx est un dérivé des erreurs de Ricardo, de Malthus et de Stuart Mill; tout le système de socialisme agraire de Henry George est issu de la fausse théorie de la rente du sol de Ricardo. Le socialisme repose sur les parties caduques de l'économie politique. Et c'est pour cela, parce qu'ils sont partis des mêmes notions erronées, — sur la valeur, le capital, la rente, le salaire, la population, — que l'économie politique classique d'une part, et le socialisme de l'autre, sont également impuissants à résoudre la question sociale.

Aussi avons-nous planté notre drapeau entre

les deux, au risque d'être assaillis des deux parts, ce qui est notre lot habituel. *(Rires.)* Pour nous, la question sociale ne peut être résolue que par la collaboration des forces privées (individu, association, coopération), avec les forces publiques (commune, département, État).

Assurément, l'inégalité est la loi de la nature et de la vie universelle; et l'égalité de fait rêvée par les collectivistes n'est pas seulement une chimère, elle serait l'injustice même, puisqu'elle mettrait sur le même pied le travail et la paresse, l'économie et l'imprévoyance, la vertu et le vice. Mais la justice sociale consiste à corriger ce qu'il peut y avoir d'immoral dans la mêlée humaine, par la solidarité. Et c'est là la grandeur de l'homme. *(Applaudissements prolongés.)*

Telles sont les maximes directrices qui nous guident dans l'examen des questions de travail, de prévoyance, de mutualité et d'assistance.

L'ARMÉE ET LA MARINE.

Voilà, messieurs, le vaste champ d'études, de travaux, qui s'ouvre devant nous. Encore n'ai-je point parlé des questions militaires, — celle de l'armée coloniale et celle des sous-officiers, par exemple, — ni des réformes à opérer dans l'administration de la marine, que nous étudions depuis plusieurs années à la commission extra-parlementaire, dont l'enquête forme, au dire des hommes les plus compétents, qui tous ont déposé devant nous, un document unique.

Ainsi, réformes fiscales, budgétaires, parlementaires, administratives, judiciaires, économiques, militaires, navales : dans toutes les directions, le champ des réformes est en quelque sorte illimité.

Il faudrait n'avoir jamais rien étudié, pour s'imaginer que le *statu quo* est, je ne dis pas désirable, mais possible : aussi le reproche qu'on nous adresse est-il puéril. Et, j'ose dire qu'il faut avoir un véritable mépris de l'opinion pour répéter sans cesse que nous ne voulons rien faire.

LA STÉRILITÉ RADICALE.

D'ailleurs, ceux-là qui nous lancent cette accusation, qu'ont-ils donc à offrir de plus à la démocratie ? Un impôt vexatoire, et des théories constitutionnelles surannées et périlleuses; et c'est tout

Quant à la séparation de l'Église et de l'État, ils seraient assez mal venus à nous reprocher de ne pas la faire, eux qui naguère, étant au pouvoir, faisaient voter le budget des cultes et les crédits pour l'ambassade du Vatican, les évêchés non concordataires et les écoles catholiques d'Orient ! *(Rires et applaudissements répétés.)*

Non ! pas un homme sensé, pas un homme de bonne foi ne saurait prétendre que la politique dont je viens d'esquisser les principaux traits soit une politique d'inertie et de sommeil !

L'INSTABILITÉ GOUVERNEMENTALE.

Mais, messieurs, — et c'est par là que je termine, — l'instrument essentiel de cette politique progressiste et réformatrice, c'est un gouvernement.

Autrefois, lord Brougham disait : « Heureusement que la France fait une révolution tous les quinze ans : sans cela elle serait la première nation du monde. » Aujourd'hui, nos rivaux peuvent dire : « Heureusement que la France change de ministère tous les huit mois : sans cela elle serait la première nation du monde. » Il n'y a pas très longtemps, je comparais la France aux pays étrangers, — et non seulement aux gouvernements absolus, mais aux gouvernements parlementaires, l'Angleterre, par exemple, où les ministères durent en moyenne cinq fois plus que les nôtres, — et l'on m'interrompait, sur les bancs des radicaux, pour me dire : « Vous travaillez pour la monarchie ! » — Comme si c'était travailler pour la monarchie que de vouloir améliorer et perfectionner la République ! Toujours la même erreur, toujours le même sophisme, qui consiste à confondre l'incessante mobilité avec le progrès, et la stabilité, — qui est la condition essentielle des réformes, — avec la routine ou la réaction ! *(Très bien ! très bien !)*

Par bonheur, nous avons fait quelque chemin, depuis lors; et il se trouve que l'un de ces radicaux, un des plus autorisés, éclairé par l'épreuve et aussi peut-être par la perte du pouvoir *(rires)*, a tenu naguère le même langage que nous. Voici comment s'exprimait dans un discours récent M. Léon Bourgeois :

« Il est impossible que, dans un grand pays, l'ensemble des études nécessaires à la préparation et à la solution des grands problèmes politiques se poursuive avec suite, si, tous les six mois ou tous les ans, un changement dans la direction de la politique générale vient interrompre les travaux, substituer aux idées en voie de réalisation de nouvelles idées, et jeter ainsi, non seulement dans la besogne parlementaire, mais dans l'esprit du peuple lui-même, un trouble toujours renouvelé. »

Oui, voilà bien notre plaie. C'est ce que nous avons toujours dit. Et c'est même pour cela que nous avons toujours blâmé l'Extrême gauche d'avoir renversé, avec la Droite, dix-sept ministères en seize ans ! *(Rires et applaudissements répétés.)*

Seulement, après avoir clairement indiqué le mal, que nous propose-t-on pour le guérir ? Un vote formel de blâme et de défiance. Ah ! le bon billet ! C'est mal connaître le cœur humain, que de s'imaginer qu'une telle formalité suffirait pour arrêter les ambitions, les appétits, et pour fermer la chasse aux portefeuilles ! *(Rires.)*

PAS DE MAJORITÉ.

Messieurs, il faut voir les choses comme elles sont. Dans la Chambre actuelle, il n'y a pas de majorité certaine. Essaye-t-on de gouverner avec le concours des socialistes, on mécontente et on inquiète les masses paisibles et laborieuses du pays. Les voix conservatrices viennent-elles se mêler à la majorité gouvernementale, l'Extrême gauche, qui trouvait le concours de la Droite excellent pour culbuter les ministères, crie aussitôt à la trahison. *(Rires et applaudissements.)* Quant au système de la concentration, qui consiste à gouverner en laissant de côté la Droite et les socialistes, l'homme politique que je viens de citer, et qui était resté le principal défenseur de cette politique, s'est vu, par trois fois, impuissant à l'appliquer, et cela par l'excellente raison que l'impôt sur le revenu et la revision ont coupé en deux le parti républicain.

C'est donc vers le pays qu'il faudra se tourner désormais ; c'est de lui que nous devons attendre, dans l'avenir, une majorité et un gouvernement.

LE VOTE OBLIGATOIRE, ET LA REPRÉSENTATION PROPORTIONNELLE.

Mais encore faut-il que ce soit vraiment le suffrage universel qui parle, et non une partie seulement — et la plus faible partie — de la nation.

La représentation nationale devrait être comme un miroir, ou, pour mieux dire, une carte en miniature du pays, et, suivant l'expression de Mirabeau, « une image reproduisant exactement les rapports du tout et des parties ». Est-ce là ce que nous avons ?

En 1881, les députés élus ne représentaient que 45 p. 100 des électeurs, et, en 1885, 43 p. 100 : pas la moitié ! Et, si je prends ces deux dates, c'est parce qu'en 1881 nous avions le scrutin d'arrondissement, et en 1885 le scrutin de liste, ce qui prouve que la représentation est aussi inexacte avec un mode de scrutin qu'avec l'autre.

Et alors, dans ces assemblées qui ne représentent même pas la moitié du corps électoral, vous prenez une majorité de quelques voix, d'une voix peut-être ! — formée sous le coup d'un entraînement passager, d'une impression de séance, que sais-je ? — et vous dites : « Voilà la volonté du peuple ! Voilà le suffrage universel ! » Et il faut qu'à l'instant même tout cède, tout plie, tout s'efface devant cette majorité toute-puissante, et, si quelque influence entre un moment en balance avec celle-là, on s'irrite, on s'indigne, comme d'un attentat à la souveraineté nationale ! Quelle illusion, messieurs !

Aussi est-il permis de penser, — j'exprime ici une opinion personnelle, car ces idées sont encore peu répandues dans le monde parlementaire, — que deux problèmes, déjà résolus en partie chez un assez grand nombre de peuples, et dont la solution changerait très probablement la face de la société, ne tarderont pas à s'imposer à l'attention publique : l'un est le vote obligatoire *(Nouveaux applaudissements)*; l'autre, la représentation proportionnelle, que Louis Blanc réclamait déjà en termes admirables. *(Applaudissements prolongés.)*

Je conçois qu'en présence des difficultés que nous éprouvons à constituer une majorité de gouvernement, on ne songe pas encore à appliquer le principe de la représentation proportionnelle dans les élections politiques ; mais pourquoi ne commencerions-nous pas à l'introduire dans les élections locales? Les difficultés d'exécution sont beaucoup moindres qu'on ne le suppose, et nous ne ferions que suivre l'exemple de la Suisse, de l'Angleterre, de l'Italie, de l'Espagne et de l'Amérique.

Ne nous y trompons pas : là est l'avenir, parce que là sont la justice et la vérité. Et l'on aura peine à comprendre, dans vingt ou trente ans d'ici, que nous ayons pu donner si longtemps à toutes nos institutions politiques et sociales une base si factice et si chancelante !

LA POLITIQUE EXTÉRIEURE.

Ce qui est certain, ce que tout le monde voit, et ce que nos contradicteurs eux-mêmes commencent à reconnaître tout haut avec nous, c'est qu'une grande nation comme la nôtre, en l'état présent de l'Europe et du monde, ne peut vivre dans cette perpétuelle improvisation fébrile, dans cette continuelle incertitude du lendemain.

Depuis un siècle, la France a oscillé sans cesse entre l'excès du pouvoir personnel et l'excès de l'anarchie parlementaire. Nous ne pouvons pas nous flatter d'avoir complètement résolu le problème du gouvernement de la démocratie : la conciliation d'une autorité ferme et stable avec la liberté. Et, si cet équilibre, — aujourd'hui sans cesse rompu, — cet esprit de suite, cette durée, qui seule donne la compétence, sont indispensables à une politique de réformes au dedans, ils le sont encore davantage à notre action extérieure.

Les grands événements qui viennent de s'accomplir sous nos yeux nous donnent à cet égard de salutaires leçons. Ils montrent ce que valent certaines vertus dont les démocraties sont trop souvent enclines à s'affranchir, et qui sont pourtant les conditions essentielles du progrès, de la puissance et de la gloire. En même temps qu'ils affermissent notre foi dans nos destinées, ils nous font mieux sentir l'efficacité d'une tradition. Profitons-en donc, non seulement pour la sécurité qu'ils donnent, mais pour les hautes pensées et pour la sagesse qu'ils suggèrent ! *(Vifs applaudissements.)*

Messieurs, la génération à laquelle j'appartiens est née à la vie intellectuelle au milieu des désastres de la patrie : elle a vu d'abord le monde aux lueurs sinistres de l'invasion et de la guerre civile. Pas un jour, même aux heures les plus désolées, nous n'avons douté ni du relèvement, ni des moyens nécessaires pour l'accomplir. Nous n'avons pas cessé, — et c'est là ce qui, à certains moments, a paru créer certains malentendus entre les fractions les plus ardentes de la démocratie et nous, — nous n'avons pas cessé de tout subordonner à notre grand dessein, à ce que nous considérons comme notre mission historique. Voici que notre claire vision se réalise. Puisse le génie de la France inspirer nos âmes et nous donner la force d'accomplir jusqu'au bout notre tâche redoutable et sacrée ! *(Longues acclamations. Un grand nombre de personnes entourent et félicitent l'orateur.)*

LE MODE D'ÉLECTION DES SÉNATEURS.

DISCOURS PRONONCÉ A LA CHAMBRE DES DÉPUTÉS

le 17 novembre 1896.

M. PAUL DESCHANEL. — Je demande à indiquer en deux mots pourquoi je ne puis voter la loi. Il y a ici une contradiction manifeste : M. Vaillant s'apprête à voter la proposition Guillemet avec tous ceux qui veulent supprimer le Sénat ou le réduire à un rôle purement consultatif; M. Trouillot, de son côté, déclare que son intention est de le fortifier. Évidemment, l'un ou l'autre se trompe : lequel des deux ?

Quel est, dans un État républicain, l'objet d'une seconde Chambre? C'est de mettre la démocratie en garde contre les entraînements soudains, contre les mouvements passionnés et violents, soit dans un sens, soit dans l'autre. *(Interruptions diverses.)*

Eh oui ! messieurs, non pas seulement contre un choc révolutionnaire, mais aussi contre une agitation césarienne ou un mouvement de réaction tel qu'il s'en est produit en Belgique.

Dès lors, la question est de savoir si le collège d'où sort cette seconde Chambre doit être un collège spécial, formé accidentellement, ou s'il y a avantage à ce que ce collège électoral sorte de corps nommés pour d'autres objets ou d'autres fonctions ? Or, les esprits les plus éminents, les plus expérimentés, parmi ceux qui ont traité le problème du suffrage indirect, se sont prononcés pour le second système contre le premier, notamment Stuart Mill et Laveleye... *(Exclamations sur divers bancs.)*

Oh ! messieurs, je ne fais pas injure, je pense, à mon ami M. Trouillot, en disant que la philosophie politique de Stuart Mill est peut-être un peu plus étendue que la sienne ! *(Interruptions sur divers bancs.)*

M. LE RAPPORTEUR. — Pourquoi me mettez-vous en cause ? Je n'établis pas de concurrence.

M. PAUL DESCHANEL. — Il est étrange qu'on ne puisse plus citer, devant cette Chambre, sur de telles questions, l'opinion des plus illustres écrivains politiques de notre temps !

M. JAURÈS. — Mais si, parlez ! Remplacez le Gouvernement ! M. Deschanel rappelle au Gouvernement qu'il y a ici une question politique !

M. LE PRÉSIDENT. — Veuillez ne pas interrompre, messieurs.

M. PAUL DESCHANEL. — Voici les paroles de Stuart Mill :

« Le cas où l'élection à deux degrés opère bien en pratique, c'est celui où les électeurs ne sont pas choisis uniquement comme électeurs, mais ont à remplir d'autres fonctions importantes, — par où ils cessent d'être élus uniquement comme delégués pour donner un vote particulier. »

Et il cite comme exemple le Sénat des États-Unis, dont les membres sont choisis par les législatures d'État :

« Les élections ainsi faites, dit-il, ont réussi au plus haut degré, et sont évidemment les meilleures de toutes les élections aux États-Unis. Après un tel exemple, on ne peut pas dire que l'élection populaire indirecte n'est jamais avantageuse. Moyennant certaines conditions (celles-là mêmes que MM. Guillemet et Trouillot veulent supprimer), c'est le système le meilleur qu'on puisse adopter. Mais ces conditions ne peuvent guère se rencontrer que dans un gouvernement fédéral, comme celui des États-Unis, où l'élection peut être confiée à des corps locaux dont les autres fonctions comprennent les affaires les plus importantes de la nation. »

A L'EXTRÊME GAUCHE. — Il s'agit d'un gouvernement fédéral !

M. PAUL DESCHANEL. — Attendez ! Il ajoute, et c'est là justement la réponse à votre interruption :

« Chez nous, les seuls corps dans une position analogue qui existent ou qui aient chance d'exister sont les municipalités ou les autres conseils qui ont été ou qui peuvent être créés pour un objet également local. »

Et, quant à l'introduction de la politique dans les conseils locaux, est-ce qu'elle n'y est pas déjà ? Est-ce que les élections communales et départementales ne sont pas devenues, par la force des choses, affaire de parti ?

Puis, à ce mode de suffrage, Stuart Mill oppose celui qui est appliqué à l'institution présidentielle américaine, et que vous voulez appliquer à notre Sénat : l'élection à deux degrés par le peuple. Il montre, en des pages saisissantes de force et de profondeur, que ce mode d'élection ne présente aucun avantage sur le suffrage direct, et qu'en revanche il offre toutes sortes d'inconvénients.

M. Émile de Laveleye, à son tour, s'exprime ainsi :

« Ou bien le suffrage à deux degrés introduit un rouage inutile et donne exactement les mêmes résultats que le suffrage direct, et alors il constitue une complication superflue ; ou bien il s'appuie sur l'indifférence aux intérêts publics et il l'augmente, et, dans ce cas, mieux vaut n'accorder le vote qu'à ceux qui sont capables de l'exercer et qui y tiennent. »

Ne vous semble-t-il pas, en effet, messieurs, que, étant donné le principe de la dualité des Chambres, l'une et l'autre doivent représenter des aspects différents de la souveraineté nationale, et peut-être — c'est ici une opinion personnelle que j'exprime...

M. ÉDOUARD AYNARD *et plusieurs membres.* — C'est aussi l'opinion d'un grand nombre d'entre nous.

M. PAUL DESCHANEL. — ... peut-être y a-t-il un instinct juste, une vue d'avenir, dans cette conception qui consiste à donner une part, dans la représentation nationale, non seulement aux individus, aux personnes éphémères, mais aussi aux personnes morales, à ces corps organisés, à ces groupes sociaux intermédiaires entre l'individu et l'État, qui sont la meilleure garantie de la liberté politique. Cette conception n'appartient pas exclusivement à tel ou tel parti : si elle était défendue hier par notre honorable collègue M. l'abbé Lemire, et aussi par M. Delafosse, M. Jaurès la soutenait en 1886 dans la *Dépêche* de Toulouse, et mon ami M. Dejean s'y associait naguère dans un remarquable article de la *Petite Gironde.*

Et au nom de quel principe faut-il donc que le mode de recrutement des sénateurs soit nécessairement uniforme? Cette manie de l'uniformité est ce qu'il y a de plus anti-scientifique, de moins conforme à la complexité croissante des sociétés modernes. Pourquoi vouloir plier de force à la même règle l'infinie diversité des intérêts et des droits ?

M. LEMIRE. — C'est très vrai. Vous avez raison.

M. PAUL DESCHANEL. — Ainsi, par exemple, si le principe de l'inamovibilité est inacceptable dans une démocratie, parce qu'il supprime la responsabilité, pourquoi un certain nombre de sièges sénatoriaux ne seraient-ils pas pourvus au moyen de la cooptation soit du Sénat, soit des deux Chambres, afin de pouvoir faire entrer dans le Parlement des hommes qui, sans cela, n'y peuvent pénétrer, — les illustrations de la science, des lettres, des arts, des armées, les sommités de l'agriculture, de l'industrie, du commerce? *(Rumeurs à l'extrême gauche. — Applaudissements au centre, à gauche et à droite.)*

M. GUSTAVE ROUANET. — C'est la revision de la Constitution que vous demandez.

M. MILLERAND. — Avec des attributions en moins.

M. PAUL DESCHANEL. — Vous, qui m'interrompez, vous êtes frappés plus que personne de la réaction salutaire, légitime, qui se produit contre l'excès d'individualisme du droit public issu du XVIII⁰ siècle ; le grand fait social de notre temps, c'est l'entrée de l'association dans les mœurs françaises. Eh bien, ne vous apparaît-il pas qu'il y a là un phénomène dont il faut tenir compte pour l'avenir au point de vue constitutionnel? Trouveriez-vous mauvais, par exemple, que dans une grande Assemblée représentant tous les mérites, toutes les compétences, l'élite du monde ouvrier, des travailleurs agricoles et industriels eussent aussi leur place, au moyen de leurs associations professionnelles? *(Très bien ! très bien.)*

UN MEMBRE A GAUCHE. — Déposez un projet.

M. PAUL DESCHANEL. —Depuis un demi-siècle, partout, en France, en Allemagne, en Angleterre, en Belgique, en Suisse, aux États-Unis, les plus grands publicistes, les penseurs les plus illustres sont entrés dans cet ordre d'idées.

C'est qu'en effet, messieurs, ce qui est au fond de ce débat, c'est le principe même de la souveraineté nationale. La souveraineté du peuple n'est-elle autre chose que l'omnipotence de la moitié plus un des votants à une heure donnée? Voilà la question. *(Très bien! très bien!)*

Les défenseurs de la loi n'ont pas cessé d'invoquer le principe de la proportionnalité, la loi du nombre. Où est-elle, la proportionnalité? Est-elle ici, où tel député est censé représenter 30 000 électeurs et tel autre 3 000.

Est-elle ici, dans cette Assemblée, qui ne représente pas la moitié des électeurs inscrits?

M. HUBBARD. — C'est leur faute.

M. PAUL DESCHANEL. — Et il y a ceci de curieux, c'est que, quand on parle de vote obligatoire et de représentation proportionnelle, les objections viennent d'abord de ceux qui invoquent constamment la loi du nombre! *(Très bien! très bien! à droite et au centre.)*

M. GAUTHIER (de Clagny). — J'ai déposé une proposition de loi tendant au vote obligatoire.

M. PAUL DESCHANEL. — Nous y viendrons, je l'espère !

Et enfin, cette nation, — cette nation souveraine, — est-ce seulement une collection d'individus? est-ce seulement la réunion accidentelle d'électeurs qui vont, à un jour donné, mettre leur bulletin dans l'urne? Non, c'est un corps organisé, c'est un être moral, une personne vivante et durable, dont l'existence se poursuit à travers les générations successives et éphémères. *(Très bien! très bien! sur les mêmes bancs.)* Elle a des intérêts permanents à défendre, des conquêtes matérielles et morales à garantir, de longs desseins à poursuivre; et il peut arriver, il arrive souvent, que le besoin, le désir, la passion d'un moment soient en contradiction avec l'intérêt général de l'État. Car l'intérêt général est autre chose que la somme des intérêts individuels, de même qu'un peuple est autre chose qu'une société d'actionnaires.

Il faut donc que les institutions soient combinées de manière à concilier les vues momentanées, les aspirations présentes du peuple, avec cette tradition historique qui comprend à la fois l'héritage des aïeux et le droit des générations futures. *(Interruptions à l'extrême gauche. — Applaudissements sur les mêmes bancs.)*

Et c'est pour cela que tous les peuples du monde ont confié la garde de leurs intérêts durables à des institutions relativement stables ; c'est pour cela que, dans tous les États, la sagesse du législateur s'est ingéniée à établir des points fixes. Les sociétés humaines, comme la nature, ne vivent que par l'équilibre.

Dans les monarchies, le point fixe, c'est le prince. Dans toutes les républiques, dans toutes les démocraties, aussi bien de l'antiquité que du monde moderne, en Amérique comme en Europe, vous voyez ces institutions durables, qui sont comme les os et la charpente du corps politique.

A L'EXTRÊME GAUCHE. — Le point fixe, c'est le peuple.

M. GAUTHIER (de Clagny). — Il y a le droit divin ou le droit populaire : choisissez!

A L'EXTRÊME GAUCHE. — C'est cela! Choisissez !

M. PAUL DESCHANEL. — J'ai choisi, monsieur

Gauthier de Clagny. Et je vous citerai un exemple qu'assurément vous ne désavouerez pas, le dernier et l'un des plus frappants de tous, celui des États-Unis.

Lorsque les admirables citoyens, les grands patriotes qui fondèrent la République américaine eurent à construire sur ce sol neuf, ils n'avaient plus le point fixe de la monarchie anglaise; ils durent y suppléer, et ils y suppléèrent en effet par ces institutions qui sont comme les clefs de voûte du gigantesque édifice,..

M. CUNÉO D'ORNANO. — Et par le plébiscite !

M. PAUL DESCHANEL... qui en ont maintenu l'unité et qui l'ont sauvé de la ruine, d'abord de la guerre civile, puis de la corruption des mœurs politiques : ce Sénat, associé à la direction des affaires extérieures et au gouvernement lui-même; et cette Cour suprême qui, il y a deux ans, par une mesure où vous verriez, vous autres, un attentat à la souveraineté nationale, mais qui était la sauvegarde de la liberté individuelle et de l'inviolabilité du domicile, annulait le bill du Congrès fédéral en faveur de l'impôt sur le revenu. *(Très bien ! très bien ! au centre.)* Et, dans ce livre admirable où ont été recueillies les lettres de ces grands hommes en faveur de la Constitution, dans ce *Fédéraliste* où sont concentrés en quelque sorte tout le fruit et toute la fleur de la sagesse politique anglo-saxonne et qui devrait être le bréviaire des démocraties modernes, il n'est pas une seule de leurs idées, pas une de leurs maximes, qui ne soulevât vos protestations et vos colères, parce qu'ils s'ingéniaient à fortifier précisément tout ce que vous voulez détruire, parce que toutes les sauvegardes dont ils voulaient entourer la liberté vous apparaîtraient comme autant de violations de la volonté populaire, parce que toutes les institutions où ils voyaient des moyens d'affermir la République sont à vos yeux des restes odieux de monarchie et d'aristocratie, des obstacles au progrès et des instruments de réaction! *(Applaudissements au centre.)*

J'en ai dit assez pour justifier mon vote contre un projet mal conçu, insuffisamment étudié, et qui ne peut avoir nulle portée pratique. *(Nouveaux applaudissements sur les mêmes bancs.)*

LA RÉPUBLIQUE NOUVELLE.

DISCOURS PRONONCÉ A NOGENT-LE-ROTROU

le 14 mars 1897.

Chers concitoyens et amis,

Je ne trouve pas de paroles suffisantes pour vous exprimer les sentiments de reconnaissance dont mon âme est remplie. Si la vie politique est souvent mêlée d'amertumes — et je n'en connais guère de plus grande, pour ma part, que cette difficulté qu'éprouve tout homme public à apparaître au pays tel qu'il est réellement et à ne pas voir ses opinions défigurées par les intérêts subalternes des partis et la fumée grossière des passions, — elle offre aussi parfois des joies singulièrement hautes et pures : voir s'empresser autour de soi, dans un élan fraternel de confiance, d'estime et d'affection, ceux qui vous ont vu à l'œuvre pendant longues années, qui ont été les témoins quotidiens de vos efforts et qui sont devenus, en quelque sorte, votre famille intellectuelle, est-il, pour un patriote, plus douce récompense et plus puissant encouragement?

Merci donc à ceux dont l'amitié délicate a conçu l'idée de cette imposante manifestation, à ceux qui ont pris la peine de l'organiser avec tant de grâce et de goût, et à vous tous, chers amis d'Eure-et-Loir, venus, pour me fêter, de tous les points de l'arrondissement et du département!...

Mais ce qui achève de donner à cette journée un incomparable éclat et son véritable caractère, c'est la présence à Nogent-le-Rotrou d'un grand nombre de députés représentant les diverses régions de la France et qui, tous, appartiennent aux nouvelles générations parlementaires. Ces hommes, qui sont les compagnons des heures difficiles, ont bien voulu, par une pensée touchante, ajouter à cette fête, dont le souvenir restera pour moi ineffaçable, la suprême douceur de leur amitié. Moi qui sais, pour les voir tous les jours dans la lutte, ce que chacun d'eux met de talent, de science, de noble labeur, d'idées généreuses au service de la France, je sens aussi tout le prix d'affections qui sont en même temps, j'ose le dire, la force de notre parti, car nos joies et nos tristesses sont communes, et le succès de l'un est la victoire de tous.

Et maintenant, que mon éminent ami Poincaré me permette de lui dire combien je suis ému des paroles beaucoup trop bienveillantes que lui a inspirées son amitié pour moi et combien nous lui sommes tous reconnaissants du beau discours qu'il vient de prononcer devant nous et qui aura dans tout le pays un profond retentissement. Nulle parole, en France, à cette heure, n'a plus d'autorité que la sienne. Il a eu cette rare fortune, à l'âge où tant d'autres débutent dans la vie parlementaire, de subir à trois reprises l'épreuve du pouvoir, comme ministre de l'instruction publique, des cultes et des beaux-arts et comme ministre des finances, et d'en sortir chaque fois grandi. Paraît-il à la tribune, la majorité se sent en confiance et l'opposition inquiète, car l'une et l'autre admirent la précision, la souplesse et la force de cette fine lame, ce jeu sobre et serré, cette escrime redoutable, aux adroites ripostes, aux étincelantes parades, ces coups portés toujours juste, d'une main sûre, au point sensible. Il est une de nos plus grandes forces, 'il est une des plus hautes espérances de la République.

Le remarquable discours que nous venons d'entendre est un nouvel indice de la transformation qui s'opère à cette heure dans les idées politiques de la France.

LE CENTRE GAUCHE.

La politique du Centre gauche, par exemple.— Certes, ils rendirent à la République d'éclatants services, ces monarchistes constitutionnels illustres, ces grands parlementaires, les Thiers, les Rémusat, les Dufaure, qui sacrifièrent les préférences de toute leur vie et parfois même leurs amitiés et leurs affections de famille à ce qu'ils considéraient comme l'intérêt supérieur du pays ; mais, en même temps qu'ils apportaient à la République un sincère amour de la liberté et le goût des institutions parlementaires, ils y apportaient aussi les conceptions sociales, les habitudes et le tour d'esprit de cette monarchie constitutionnelle qu'ils avaient servie dans leur jeunesse. Et puis, c'est autour d'eux que vinrent se ranger les disciples, les descendants des illustres économistes qui, au siècle dernier, avaient si puissamment contribué à donner à la France la liberté du travail avec l'égalité civile ; or, ces grands esprits, par cela même qu'ils avaient à lutter contre les privilèges de la monarchie absolue et contre les abus du régime corporatif, avaient été entraînés à une défiance systématique de toute action de l'État et à cette crainte du principe d'association dont notre droit public est resté si profondément imprégné ; eh bien, il est permis de penser que ces craintes n'ont plus les mêmes raisons d'être, aujourd'hui que l'État, au lieu d'être l'autorité despotique d'un homme sur les personnes et sur les biens, est l'organe de la souveraineté nationale pour une mission d'ordre et de bien public.

Telles sont, je crois, les raisons du déclin de cette politique du Centre gauche, qui a eu son heure d'utilité et d'éclat, mais politique de transition, dont la mission historique paraît accomplie.

L'OPPORTUNISME.

Des réflexions analogues se présentent à l'esprit — pour d'autres motifs — en ce qui regarde ce qu'on a appelé l'opportunisme.

En quoi consistait cette politique ? C'est Gambetta qui en a été la plus puissante personnification. Il s'agissait pour lui de maintenir, au moyen de transactions et de concessions réciproques, l'unité des éléments les plus disparates du parti républicain, depuis l'extrémité de la Gauche jusqu'aux confins de la Droite, et de se transporter rapidement d'une aile à l'autre de l'armée, pour la mener, compacte, à l'assaut des anciens partis et à la conquête du pouvoir; puis, la victoire gagnée, il s'agissait d'organiser la conquête. Et c'est là ce qui explique que, quand on relit l'œuvre de Gambetta, on voit que, sur les questions maîtresses de la politique contemporaine — et sur un grand nombre de celles qui nous agitent et nous divisent aujourd'hui encore — budget des cultes, Concordat, relations avec le Vatican, dualité des Chambres, revision de la Constitution, alliance anglaise ou alliance russe — il a soutenu tour à tour, suivant les époques, les opinions les plus opposées, poursuivant toujours, par des voies très diverses, le même dessein : au dedans le triomphe de la République, au dehors le relèvement de la patrie. Et, de même qu'en 1877 il ne faisait pas la même politique qu'en 1869, de même en 1882 il ne faisait pas la même qu'en 1877; et, s'il revenait aujourd'hui, il en ferait une autre encore que ces trois-là. Il n'y a pas un

Gambetta, il y a des Gambetta. Et, en vérité, jo ne puis m'empêcher de sourire quand les républicains radicaux et les républicains non radicaux prétendent, les uns et les autres, représenter à eux seuls la tradition du grand orateur.

Chacun en a sa part, et tous l'ont tout entier.

Si, par opportunisme, on entend la méthode qui consiste à sérier les questions ou l'art d'agir à propos, ce n'est pas la peine d'inventer un barbarisme; le mot « politique » suffit. Mais, si l'on prend l'opportunisme au sens historique, je défic qui que ce soit de ressusciter aujourd'hui la politique d'il y a vingt ans; elle appartient à l'histoire, comme les événements qui l'avaient fait naître.

LE RADICALISME.

Enfin, la politique radicale.

Les radicaux nous reprochent d'avoir abandonné le programme qui était celui du parti républicain il y a plus d'un quart de siècle, sous le second Empire : le programme de 1869. Mais l'ont-ils appliqué, eux, quand ils ont eu le pouvoir? Et je ne parle pas seulement de la suppression des armées permanentes, de l'élection des

fonctionnaires et des juges par le peuple, du
mandat impératif, de l'assemblée unique : ce sont
là des idées mortes, ou terriblement malades !
Mais le budget des cultes, est-ce donc pour le
plaisir de renier leurs engagements, leur passé,
de manquer de parole à leurs électeurs, que tous
les adhérents au programme de 1869 qui, depuis
vingt ans, ont passé aux affaires — tous sans
exception — ont proposé, comme ministres, ces
mêmes crédits dont ils avaient demandé la suppression comme candidats et comme députés ?
Est-ce donc qu'ils fussent disposés, plus que nous
ne le sommes nous-mêmes, à laisser s'affaiblir
en quoi que ce soit la notion de l'indépendance
et de la suprématie de la société civile à l'égard de
l'Église ? Non pas ! Mais ils se trouvaient aux prises
avec les réalités du gouvernement, et ils purent
mesurer alors la distance qui sépare les vues d'avenir, même lorsqu'elles sont conformes au mouvement général de la civilisation, d'avec les nécessités
présentes de la politique nationale. Et qu'est-il
résulté de là ? C'est que la suppression du budget des cultes, qui avait réuni 215 voix à la
Chambre en 1888, n'en a plus obtenu que 156
l'année dernière, et que la suppression de l'ambassade au Vatican, qui avait réuni 237 voix en

1888, n'en a plus obtenu que 167 l'année dernière. Si les hommes les plus considérables du parti radical ont cru devoir proposer ces crédits au moment où ils étaient le mieux placés pour en demander la suppression, comment pourrait-on raisonnablement exiger de leurs successeurs ce qu'ils n'ont même pas tenté?

Ces divers articles du programme de 1869 ayant été écartés ainsi du domaine de la pratique par ses adhérents eux-mêmes, il leur restait l'impôt sur le revenu. Or, autant le contribuable français est justement impatient de voir le poids de l'impôt plus équitablement réparti, autant il répugne à montrer au percepteur ce livre de recettes et de dépenses, ce registre qui est l'image intime de ses affaires, de ses secrets de famille et de sa vie. Il se rend parfaitement compte aujourd'hui que, pour dégrever les petits et demander plus aux riches, il n'est nullement nécessaire de recourir à ce procédé inquisitorial et vexatoire de la déclaration et de la taxation, dont le résultat le plus clair serait de faire fuir les capitaux mobiliers et, par conséquent, de faire retomber toute la charge sur les parties immobiles de la richesse, c'est-à-dire l'agriculture, l'industrie et le commerce. Et vous vous rappelez la protestation retentissante des Chambres de commerce, des associations agricoles et des Conseils généraux.

Enfin, si l'on constate qu'en matière de politique extérieure, la faute la plus grave qui ait été commise depuis 1870 et qui pèse d'un poids si lourd sur notre diplomatie — l'abdication de la France en Égypte—fut conseillée par les chefs les plus puissants de ce parti, et que non seulement ils la conseillèrent, mais qu'ils en revendiquèrent hautement la responsabilité après coup du haut de la tribune, de si funestes erreurs n'achèvent-elles pas d'expliquer que la France n'ait pas abandonné ses destinées aux mains d'hommes dont les idées absolues et l'esprit de système troublaient à ce point la clairvoyance ?

Et tout cela n'explique-t-il pas en même temps pourquoi une grande partie de leur clientèle, lasse de tant de déceptions successives, s'est tournée vers le socialisme qui, lui, n'ayant jamais subi l'épreuve de rien, peut tout promettre?

Ainsi, politique du Centre gauche, politique opportuniste, politique radicale, — soit que les causes d'où elles émanaient n'existent plus, soit que les besoins auxquels elles répondaient aient disparu par leur succès même, soit enfin que, combinées pour les attaques de l'opposition et la conquête du pouvoir, elles n'aient pu s'adapter ensuite aux nécessités du gouvernement et à la pratique des affaires, — pour une raison ou pour une autre, ces diverses politiques se trouvent dépassées par le mouvement des idées et des faits. Sans doute les noms, les étiquettes subsistent, et aussi les clientèles qui se sont formées autour des hommes qui personnifiaient ces divers groupements aux yeux du pays; car les partis sont toujours en retard sur les idées, et nous voyons certains hommes, dont quelques-uns se piquent d'être très modernes et, comme ils disent, très « avancés », continuer de faire les mêmes gestes et de répéter les mêmes mots qu'il y a quinze ou vingt ans. Mais la vie se retire peu à peu de ces organismes vieillis; et, sous les branches mortes, on voit poindre les jeunes pousses, et les bourgeons verts, et la sève des idées nouvelles.

Quelles sont ces idées? Essayons d'en définir quelques-unes, autour desquelles paraît devoir se faire un groupement nouveau.

LES RÉFORMES SOCIALES.

D'abord, la prédominance de plus en plus marquée des questions sociales sur les questions de politique pure, qui avaient tenu si longtemps la première place dans les préoccupations du pays, imprime à la politique française un caractère inconnu jusqu'ici. Voici que des problèmes vitaux nous pressent, d'où dépend, non plus seulement la grandeur, mais l'existence même de notre nationalité et de notre race.

Il s'agit de lutter contre ces deux périls de mort, l'alcoolisme et la dépopulation. Il faut ouvrir aux travailleurs, et d'abord à ceux qui n'ont que leurs bras pour vivre, l'accès de la propriété et du capital; abattre la double haie de formalités et d'impôts, la coalition surannée d'une procédure byzantine et d'une fiscalité ruineuse, qui obstrue le seuil de la propriété foncière; alléger le poids de la dette agraire en réformant notre mécanisme hypothécaire, comme l'ont fait la Belgique, l'Italie, l'Alsace-Lorraine, et comme le propose, entre autres mesures excellentes, le Cabinet Méline; et, à l'exemple des États-Unis et de l'Allemagne, faire que l'hypothèque, au lieu de rester le préliminaire de la saisie, comme elle l'est dans les pays latins, devienne, au contraire, le pont qui mène du prolétariat à la propriété; faire bénéficier tous les propriétaires de France des avantages jusqu'ici réservés par le second Empire à une seule Société de crédit dont il n'y

a aucune raison de préférer les actionnaires à
n'importe quels autres bailleurs de fonds; donner
à nos agriculteurs la représentation profession-
nelle à laquelle ils ont droit; enfin, apprendre
aux travailleurs de l'usine, comme à ceux de la
terre, le maniement méthodique, scientifique, du
principe d'association, afin que l'association pro-
fessionnelle devienne, non une arme de guerre au
profit d'ambitieux souvent étrangers au monde
du travail, mais l'instrument d'émancipation et
de paix sociale qui créera, sous des formes de
plus en plus complexes et savantes, le crédit, la
prévoyance, les assurances, les retraites, la conciliation et l'arbitrage, tout cet ordre nouveau,
ce droit nouveau, cette organisation nouvelle du
travail, dont je salue l'avènement avec confiance
et avec espoir, parce qu'elle nous rapprochera
de la justice par la solidarité. Le vingtième siècle
sera le siècle de l'association.

L'ORGANISATION DU SUFFRAGE UNIVERSEL.

Puis, à mesure que ces associations professionnelles de tous genres, ces collectivités, ces personnes morales, deviendront plus nombreuses et
plus fortes, elles revendiqueront le droit d'être
représentées, elles aussi, dans les Assemblées de

la nation, elles y introduiront l'expérience, le savoir, le sens pratique, l'horreur de la déclamation et du vide, et elles refouleront peu à peu l'influence délétère de ces politiciens parasites que M. Poincaré flétrissait avec une si mordante éloquence.

N'est-ce pas une chose étrange que, depuis l'établissement de la République, on ait si souvent discuté et l'on discute encore les avantages et les inconvénients respectifs du scrutin de liste et du scrutin d'arrondissement, par exemple, ou bien les droits du Sénat (alors que sur 32 lois adoptées par le Sénat depuis le 1er janvier 1894, il y en a 15 non encore votées par la Chambre : et c'est elle qui se plaint ! et c'est elle qui accuse !) mais que, pas une seule fois, on n'ait discuté, à l'une ou à l'autre de nos deux tribunes, ni ce principe fécond de la représentation des personnes morales, des intérêts et des compétences ; ni celui du vote obligatoire, — alors que la Chambre ne représente même pas la moitié des électeurs, de sorte que, c'est en fait, la minorité qui gouverne ! — ni le problème de la représentation proportionnelle, que nous pourrions au moins, ce me semble, commencer à organiser dans les élections communales et départemen-

tales ; ni la question de savoir si les étrangers
doivent être, ou non, compris dans le chiffre de
la population pour la nomination des députés —
car, à l'heure qu'il est, les étrangers concourent
indirectement au choix des représentants de la
France, ce qui est absurde ; — ni l'établissement
d'un registre électoral, afin de faire cesser les
fraudes qui, dans une grande partie de la France,
vicient les consultations populaires. De sorte qu'on
se préoccupe toujours de la façade et du couron-
nement de l'édifice, mais jamais des fondations,
qui sont encore à l'état chaotique et qui n'ont ni
consistance, ni solidité.

LA CHAMBRE.

Mais l'œuvre considérable dont je viens d'esquisser les principaux traits — et qui n'est rien
de moins que l'organisation politique et économique de la démocratie républicaine — ces
réformes qui vont au vif, à la racine des choses
— car enfin, il ne suffit pas de répéter sans
cesse : « Ni cléricalisme, ni collectivisme ! » on
ne gouverne pas avec des négations ; — ces réformes
nécessaires resteront à l'état d'aspirations purement théoriques tant que nous n'aurons entre
les mains qu'un outil faussé. M. Poincaré vous

le disait tout à l'heure avec la perspicacité de sa lumineuse intelligence, la première de toutes les réformes, c'est celle de l'instrument même des réformes, de la machine à faire les lois, de la Chambre des députés ; car, pas plus que nous n'avons la réalité du suffrage universel, nous n'avons la réalité du régime parlementaire.

Depuis vingt-cinq ans, nous en sommes à notre vingt-troisième ministre des Affaires étrangères, à notre vingt-neuvième ministre de l'Intérieur ; c'est une moyenne de huit mois : je défie un ministre de génie, fût-il Richelieu doublé de Cavour, de rien faire de grand dans de pareilles conditions !

Depuis les élections générales de 1893, la Chambre a tenu environ 450 séances ; savez-vous combien elle a discuté d'interpellations ? Plus de 200 !

LE POUVOIR EXÉCUTIF.

La France, après 1870, effrayée des malheurs que le pouvoir personnel avait attirés sur elle, s'est jetée dans l'excès inverse. Elle n'a plus, pour la gouverner, que des ministres toujours changeants, obligés de disputer à de puériles convoitises un pouvoir précaire, harcelés sans relâche par la meute qui chasse aux portefeuilles, et condamnés à user, dans ces luttes misérables pour la vie, des talents et des forces qui devraient être consacrés au bien de l'État.

Enfin, n'est-ce pas un paradoxe inouï que, dans un régime fondé exclusivement sur le principe électif, le premier magistrat du pays, l'élu des élus de la Nation, — choisi pour ses opinions ! — n'ait plus le droit d'en avoir dès qu'il est nommé ? Parle-t-il ? Ose-t-il penser seulement ? On le déclare criminel, et on parle de le mettre en accusation !

Oh ! je le sais, demain, sans doute, nous, fils de proscrits, nés en exil, nous serons traités d'autoritaires par de parfaits jacobins, et même par d'anciens fonctionnaires de l'Empire !

Non, je ne demande pas pour mon pays un président à l'américaine : car, dans un pays aussi fortement centralisé que le nôtre, ce serait bientôt la tyrannie du parti vainqueur ; mais, d'autre part, est-il rationnel de vouloir attribuer au chef élu d'une démocratie le rôle de la reine d'Angleterre, ce rôle qui s'explique par la formation historique séculaire de nos voisins, et qui se justifie par l'organisation de partis puissants dont la Couronne est l'arbitre ? Nous ne sommes ni aux

États-Unis ni en Angleterre, nous ne sommes ni dans une république fédérale ni dans une monarchie aristocratique. Notre Constitution confère au Chef de l'État d'importantes prérogatives, et ce n'est pas, j'imagine, faire acte de factieux que de dire qu'il a le droit de les exercer!

Comment ne pas voir que, si quelque chose pouvait jeter la France dans une réaction violente contre la Constitution et le régime parlementaire, c'est la façon dont ils sont dénaturés et pervertis? Le peuple est simpliste, et, quand une institution fonctionne mal, il brise le ressort lui-même, au lieu de s'en prendre à ceux qui l'ont faussé. Un exécutif trop faible peut être aussi dangereux pour la liberté qu'un exécutif trop fort; nous ne sommes pas nécessairement obligés de choisir entre l'apoplexie et l'anémie!

Nous demandons, en un mot, une direction plus ferme et plus stable, au service d'une politique plus moderne, plus vivante, plus hardiment novatrice. De la Chambre actuelle, nous n'avons plus grand'chose à attendre; c'est vers le pays que nous nous tournons désormais : puisse-t-il entendre notre voix! Je bois à la France de demain, à la République nouvelle!

POLITIQUE RADICALE
ET POLITIQUE NATIONALE.

DISCOURS PRONONCÉ A PARIS, AU GRAND-HOTEL

le 2 mars 1898.

Messieurs,

Je remercie M. Expert-Bezançon et ses collègues
du Comité national républicain du Commerce et
de l'Industrie, du grand honneur qu'ils me font
ce soir.

C'est une bonne fortune pour moi de me
trouver ici au milieu d'hommes qui honorent
Paris et la France par leur travail, leur goût,
leur esprit d'initiative, avec les Présidents de
nos cinq grandes Associations républicaines fra-
ternellement unies *(Applaudissements)*, et avec
ces nombreux collègues du Parlement, qui sont

le solide noyau de la majorité républicaine, et
dont l'amitié fidèle est le charme et l'honneur de
ma vie. *(Nouveaux applaudissements.)*

Messieurs, vous n'attendez pas de moi un programme électoral ; ce n'est pas devant les hommes
considérables qui m'entourent, plus anciens que
moi dans la politique et infiniment plus autorisés, devant des orateurs et des hommes d'État
éminents, que j'oserais donner des conseils à
notre parti. Je voudrais seulement vous soumettre
quelques réflexions sur la situation politique.

LE PROGRAMME SOCIALISTE.

Je ne m'attarderai pas à discuter ici le programme socialiste. Là-dessus, un mot suffit : le
socialisme, c'est la suppression de l'échange, du
contrat. M. Gabriel Deville disait récemment à la
Chambre qu'en régime socialiste, il n'y aurait
plus vente, parce qu'il n'y aurait plus possibilité
de vente ; et c'est bien là, en effet, l'essence même
de la doctrine. Messieurs, ce n'est pas devant
vous, ce n'est pas devant des hommes d'affaires,
des esprits pratiques, mêlés aux réalités vivantes,
que j'ai besoin de discuter ces aberrations rétrogrades. *(Applaudissements.)*

LE PROGRAMME RADICAL.

Je ne m'attarderai pas davantage à discuter le programme radical : car il y a beau temps que les radicaux eux-mêmes, les plus illustres, — tous ceux, sans exception, qui, depuis trente ans, ont mis la main aux affaires, — ont écarté du domaine de la pratique et relégué dans le domaine de la théorie les principaux dogmes radicaux : l'unité de Chambre, l'administration et la magistrature élues, l'autonomie communale, le mandat impératif, la rupture complète de toutes relations entre la société civile et l'Église, et, par suite, l'abandon à la papauté de toutes les nominations ecclésiastiques ; et la suppression des armées permanentes, que les républicains demandaient sous l'Empire, au lendemain de Sadowa, à la veille de Sedan ! *(Applaudissements.)*

LA POLITIQUE DE M. LÉON BOURGEOIS.

J'écarte ces vues théoriques, ces anachronismes. Ce que je veux examiner avec vous, c'est la politique dont le principal représentant est notre honorable collègue M. Léon Bourgeois. Je suis d'autant plus à l'aise pour discuter ses idées, que nul plus que moi n'apprécie les dons variés, la souplesse, les qualités séduisantes de son esprit.

Tout d'abord il y a, à mes yeux, dans cette politique une contradiction capitale, qui la vicie et qui la fausse. Cette contradiction est celle-ci :

D'une part, il inscrit en tête de son programme la revision de la Constitution et l'impôt personnel sur le revenu global; d'autre part, il préconise la concentration. Il y a là, évidemment, deux choses inconciliables, puisque la revision et l'impôt personnel sur le revenu global coupent le parti républicain en deux. Il y a là deux conceptions, deux formations politiques toutes différentes : l'une qui consiste à gouverner avec l'ensemble des forces républicaines, sans la Droite et sans les collectivistes; l'autre qui consiste à couper en deux le parti républicain, et à gouverner avec toutes les forces de Gauche, y compris les collectivistes. Entre ces deux politiques, il faut choisir; mais, ce qui déconcerte la raison, c'est de les défendre toutes les deux en même temps ! *(Applaudissements et rires.)* Si vous voulez, comme vous le dites, gouverner avec les républicains unis, en faisant la coupure, d'un côté aux ralliés et de l'autre aux socialistes, alors pourquoi allez-vous répétant sans cesse, d'un bout de la France à l'autre, que les deux mesures inscrites en tête

de votre programme sont les pierres de touche
du véritable esprit républicain, que ceux-là seuls
qui les adoptent méritent le nom de progressistes
et de démocrates, et que, de l'autre côté, sont
toutes les forces de résistance et de réaction ?
Singulière politique, en vérité, que celle qui,
disant aux républicains : « Unissez-vous ! » les
divise, et, prêchant la concentration, la rend impossible ! *(Vifs applaudissements.)*

Et c'est pour cela que tout homme impartial,
étranger aux intérêts électoraux ou aux compétitions ministérielles, doit écarter d'abord cette
polémique subalterne, qui consiste à dire à
M. Méline qu'il est réactionnaire et clérical parce
que des voix de la Droite viennent se mêler à la
majorité des républicains non collectivistes qui
votent pour lui, de même qu'on accusait M. Bourgeois d'être révolutionnaire parce qu'il gouvernait
avec le concours de l'Extrême gauche. Si M. Bourgeois a gouverné avec le concours des collectivistes, (ce qui ne l'a pas empêché, du reste, de
faire voter le budget des cultes et d'écarter la
revision), *(Rires)* si M. Méline a dans sa majorité
des voix de Droite, c'est exactement pour la même
raison : c'est parce que le parti républicain est
coupé en deux. Il est coupé en deux par les

questions dont je viens de parler : or, ces questions, qui donc les a soulevées ? *(Nouveaux applaudissements.)*

Nous, messieurs, au lieu d'inscrire en tête de notre programme des mesures qui divisent le parti républicain et la France, nous y mettrons, au contraire, des réformes qui sont de nature à unir, à rapprocher tous les progressistes, tous les démocrates. *(Vive approbation)*.

De quoi s'agit-il ?

Que veulent M. Bourgeois et son parti ?

Ils veulent d'abord deux choses :

En premier lieu, rétablir, — au moyen d'une réforme de deux contributions directes, la contribution personnelle et mobilière et la contribution des portes et fenêtres, — l'équilibre détruit par l'énorme accroissement des contributions indirectes. Nous le voulons aussi.

Et, en second lieu, ils veulent rendre le travail parlementaire plus rapide et plus fécond. Nous le voulons aussi.

L'IMPÔT SUR LE REVENU.

Oui, nous voulons, nous aussi, remplacer la contribution personnelle-mobilière et celle des portes et fenêtres (soit environ 150 millions), par une taxe de redressement, destinée à rétablir l'équilibre des charges fiscales rompu par l'énorme développement que les contributions indirectes ont pris depuis la Révolution, surtout à la suite des guerres du premier et du second Empire.

Cette taxe, nous voulons l'asseoir en prenant pour base non seulement le loyer, qui n'est assurément pas un indice suffisant de l'état de la fortune, mais aussi les charges de famille, la profession, la pluralité des domiciles, le nombre des domestiques de luxe, celui des chevaux et des voitures de luxe, le chiffre de la population de la commune, l'étendue de l'exploitation agricole, etc., bref, tous les signes de l'état de la fortune.

Et, en ce qui concerne l'échelle, le taux de cet impôt de redressement, il n'est pas un seul d'entre nous — pas un — qui veuille s'en tenir d'une façon absolue à la proportion purement mathématique. Tel de nos amis, fermement attaché au principe de la proportionnalité, admet cependant soit des dégrèvements, soit des exemptions à la base. Tel autre estime qu'il serait équitable de combiner ici le principe de la proportionnalité avec celui de la progression, comme l'avait fait en 1791 la Constituante dans le tarif gradué de sa taxe d'habitation, ou comme on le fait aujourd'hui dans les tarifs des loyers de Paris et de Versailles. Tel autre, également attaché au principe de la proportionnalité pour l'ensemble de nos contributions, pense qu'ici, pour cette taxe destinée à compenser la progressivité à rebours des impôts indirects, il y aurait lieu d'établir un tarif dégressif. Ce sont là des questions de plus ou de moins, des questions de mesure, à débattre scientifiquement entre hommes compétents et éclairés. Il faut à ces complexes problèmes une précision fine, et si je l'ose dire, au sens mathématique du terme, une véritable élégance intellectuelle; il y faut un souci probe et délicat de l'équité fiscale. Si l'on cherche l'effet électoral, on tombe dans un empirisme grossier. *(Vifs applaudissements.)*

Or, par quelle inspiration funeste les financiers du parti radical, au lieu de chercher à réaliser d'abord cette réforme avec le concours de toutes les bonnes volontés républicaines, au lieu de discuter pacifiquement avec nous sur la façon de *taxer* le revenu du contribuable, ce qui est, en somme, l'essentiel, ont-ils fait porter la lutte à côté, sur la manière de *constater* le revenu, ce qui est bien différent? Pourquoi ont-ils prétendu

nous faire renoncer à cette doctrine fiscale qui
est sortie lentement des revendications, des légitimes colères de tout un peuple, et qui, après un
demi-siècle d'efforts et de luttes, dans les Cahiers
du Tiers-État, dans les Assemblées provinciales,
à l'Assemblée des Notables, finit par triompher à
la Constituante ; cette doctrine qui représente le
plus pur effort des hommes de la Révolution et
qui est une des conquêtes essentielles du grand
mouvement d'idées du xviiie siècle : la substitution de l'impôt réel à l'impôt personnel? *(Applaudissements.)* Pourquoi ont-ils eu la malheureuse idée de vouloir ressusciter les odieux jurys
d'équité du Directoire, de forcer le contribuable
à déclarer aux agents du fisc ce qui lui est *revenu*
dans l'année, le chiffre de sa recette totale an-
nuelle, et, s'il ne peut pas ou s'il ne veut pas le
déclarer, de le taxer d'office, bref, d'imposer à la
France républicaine les procédés inquisitoriaux
de l'Allemagne, de ce pays hiérarchisé et mili-
tarisé à outrance, dans lequel, suivant le mot de
M. de Bismarck, « chacun naît avec un uniforme? » *(Vifs applaudissements.)*

Sans doute ils ont cru par là atteindre avec
plus de rigueur les diverses sources de revenus ;
mais, outre que les diverses natures de revenus

payent déjà l'impôt sous d'autres formes (et ce que nous voulons établir, nous autres, c'est non pas un impôt de superposition, mais un impôt de remplacement; ce que nous voulons créer, c'est un instrument qui permette d'égaliser les charges, mais non pas d'égaliser les fortunes) (*Applaudissements*) est-ce que les parties des systèmes fiscaux étrangers que les radicaux voudraient importer chez nous ne sont pas précisément celles qui y excitent le plus de plaintes et qui, en provoquant la fraude, rapportent le moins au Trésor? (*Applaudissements.*)

D'ailleurs, est-ce que les financiers du parti radical, par les remaniements profonds qu'ils ont dû faire subir à leurs projets, ne se sont pas chargés eux-mêmes de prouver la justesse de nos objections et la légitimité de nos résistances? (*Très bien! très bien!*) Est-ce que M. Doumer, dans son second projet, en prenant pour base d'évaluation des revenus agricoles le prix des fermages (base arbitraire, du reste, et inadmissible), et en admettant le loyer comme indice du revenu dans toutes les villes au-dessus de cinq mille âmes; est-ce que M. Cavaignac, dans son second projet, en admettant, lui aussi, l'évaluation d'un grand nombre de revenus d'après la valeur locative; est-ce que l'un et l'autre, en s'efforçant de mettre hors de cause les revenus du travail et les dépenses inhérentes à l'exercice de la profession, est-ce que, en cédant ainsi pas à pas devant l'évidence de nos arguments, ils n'ont pas démontré eux-mêmes à quel point nous étions fondés à repousser des projets qui tombent pièce à pièce au choc de la controverse, combien il était injuste de nous représenter comme les défenseurs obstinés des privilèges de la richesse, combien il était imprudent de subordonner à de tels projets toute la politique française? *(Applaudissements prolongés.)*

En tout cas, il y a un point sur lequel tout le monde devrait tomber d'accord : c'est que quiconque, aux élections prochaines, mettra dans son programme *l'impôt sur le revenu* tout court, sans dire en même temps comment il entend l'appliquer, se livrera, à l'égard des électeurs, à une véritable mystification. *(Triple salve d'applaudissements.)* Oui, il y a une véritable hypocrisie à invoquer un soi-disant principe, au moment même où l'on abrite sa pusillanimité ou son ignorance sous une formule ambiguë qui s'applique à des systèmes tout à fait dissemblables. En politique, la précision est une des formes de la probité *(Applaudissements répétés et acclamations)* et rien ne me paraît plus méprisable que d'essayer de ruser avec le suffrage universel. *(Nouveaux et vifs applaudissements.)* Ce mot *d'impôt sur le revenu* me fait l'effet, si vous me passez la comparaison, d'un de ces pièges à multiples facettes, dont les chasseurs se servent pour attirer certains oiseaux. Dire qu'on est partisan de l'impôt sur le revenu, sans le définir, ne signifie absolument rien : il faut dire en même temps si l'on est pour l'impôt sur le revenu *à la française,* ou pour l'impôt sur le revenu *à l'allemande. (Applaudissements répétés.)*

LA REVISION DE LA CONSTITUTION.

Il en est de même de la revision de la Constitution.

Vous voulez, dites-vous, rendre le travail parlementaire plus rapide et plus fécond. Nous aussi. Et pour cela, que proposez-vous ? Vous proposez de réduire les droits du Sénat à un simple droit de remontrance, à un simple droit de *veto* suspensif : de sorte que, même après un avis négatif de cette Assemblée, la Chambre pourrait toujours passer outre, soit pour les lois de finance, soit pour les lois politiques.

Ainsi, c'est au moment où la Chambre des
députés, s'écartant de plus en plus de la fonction
pour laquelle les Parlements ont été institués,
c'est-à-dire la défense du contribuable et du fruit
de son labeur *(Applaudissements prolongés)* contre
l'arbitraire du pouvoir royal et les dilapidations
de la Cour; c'est au moment où les députés, confondant, par une étrange méconnaissance de leur
rôle, leurs devoirs de mandataires avec les droits
souverains de la Nation, oublient que le contrôle
des Assemblées a été créé pour retenir les gouvernements dans la voie des dépenses et non pour les
y pousser, et augmentent d'heure en heure le
déficit au lieu de le réduire *(Nouveaux applaudissements)*, c'est à ce moment-là même que vous
voulez renverser la seule digue qui puisse faire
obstacle à cette marée montante des dépenses : le
contrôle du Sénat! En vérité, est-ce que ce n'est
pas le contre-pied de l'intérêt public? *(Longs
applaudissements.)*

Oubliez-vous donc que Gambetta, dont vous
vous réclamez sans cesse, en même temps qu'il
proposait de régler les attributions budgétaires
du Sénat, voulait aussi introduire en France la
règle qui a permis à la Chambre des communes
de restaurer les finances britanniques et limiter

l'initiative individuelle en matière de dépenses?
Pourquoi, si vous invoquez son témoignage, muti-
lez-vous sa conception ? Êtes-vous prêts à appliquer ses idées? Et ne voyez-vous pas qu'il y a un
contresens historique à assimiler le pouvoir
ministériel responsable, émanation des mandataires du pays, au pouvoir royal irresponsable,
issu du droit divin? *(Applaudissements.)*

Vous voulez, dites-vous, assurer la prépondérance du suffrage universel. Et vous ajoutez : « Il
est inadmissible que le Sénat, qui a déjà le droit
de dissoudre la Chambre, ait encore celui de
renverser les ministères. » Eh bien, inscrivez dans
la Constitution que les ministères ne seront responsables que devant la Chambre seule : est-ce
que le Sénat, par le seul fait qu'il existe, ne
pourra pas toujours empêcher un gouvernement
de vivre? — à moins que vous ne décidiez que le
gouvernement aura le droit d'appliquer des lois
que le Sénat n'aura point votées, ou de dépenser
des crédits que le Sénat n'aura point consentis,
— ce qui équivaut à la suppression de cette
Assemblée. Et c'est bien là, en effet, que vous en
arrivez : à la suppression, en fait, du contrôle;
conception périlleuse, rétrograde, anti-scientifique,
manifestement contraire aux intérêts du peuple,

en France peut-être plus que partout ailleurs, et unanimement répudiée par toutes les nations civilisées. *(Applaudissements.)* De sorte que, pour éviter un inconvénient, celui de voir parfois quelques lois retardées au Luxembourg, vous tombez dans un inconvénient bien autrement grave : celui de supprimer le crible qui arrête au passage toutes les scories, les lois bâclées et les dépenses excessives. *(Applaudissements.)*

A cette conception revisionniste pauvre, arriérée, vestige du rationalisme superficiel de l'ancien radicalisme, nous opposons, nous autres, une revision bien autrement efficace pour remédier aux abus les plus criants du parlementarisme faussé sous lequel nous vivons. A notre avis, ce qu'il faut réformer d'abord, c'est la Chambre.

Séparer nettement la question de Cabinet des autres questions, afin qu'un ministère, en greffant la question de confiance sur la discussion d'une loi, ne puisse plus la fausser ; supprimer l'habitude fâcheuse contre laquelle tous les hommes qui ont eu l'honneur d'occuper le fauteuil ont protesté à maintes reprises, d'introduire au cours de la discussion du budget des projets de résolution, des interpellations déguisées, et des discussions générales, non seulement sur chaque budget particulier, mais même, à présent, sur les différents chapitres ; défendre l'ordre des travaux une fois réglé contre la facilité excessive laissée à tout membre de la Chambre de le bouleverser par une demande d'urgence ; empêcher le dépôt d'amendements improvisés qui viennent, à la dernière heure, détruire en un instant l'économie de lois étudiées parfois depuis des années, ou bien l'insertion *in extremis* de phrases nouvelles dans les ordres du jour qui terminent les interpellations : telles sont quelques-unes des mesures nécessaires pour rendre à notre règlement, corrompu par l'usage, sa force et sa vertu. *(Vifs applaudissements.)* Ces réformes sont à la portée de la main ; elles peuvent être facilement réalisées, dès le début de la prochaine législature, par le concours de tous. Il n'est pas besoin pour cela d'assembler le Congrès et de nous lancer dans l'inconnu.

Ainsi, pour la réforme parlementaire comme pour la réforme fiscale, nos solutions atteignent bien plus directement le but que celles de nos contradicteurs, qui aggraveraient nos maux au lieu de les guérir. *(Applaudissements.)*

PROGRAMME NATIONAL.

Pendant qu'on nous oblige à discuter sur la

question de savoir si l'on accroîtra le déficit en
supprimant le contrôle du Sénat, et comment
sera, non pas taxé, mais évalué le revenu du
contribuable pour recouvrer 150 millions, c'est-
à-dire environ la trentième partie de l'ensemble
de nos budgets, pendant que nous usons notre
temps et nos forces dans ces étranges querelles,
on néglige ou on laisse languir les problèmes
essentiels, vitaux.

Oui, messieurs, au-dessus de ces divisions
factices des partis, il y a le vrai programme,
le programme national, dont l'accomplissement
exigerait le concours de toutes les volontés et de
tous les talents ; et d'abord trois œuvres maîtresses : l'organisation de la lutte économique,
le règlement de la question sociale, l'effort militaire et diplomatique de la France.

LA LUTTE ÉCONOMIQUE.

Au delà des frontières, nos rivaux organisent
la guerre industrielle et commerciale régulière-
ment, méthodiquement, avec opiniâtreté, comme
ils ont organisé l'autre. Puis, par delà l'Europe,
des mondes qui dormaient s'éveillent, excités
par elle à la vie économique, et lui ravissent les
marchés qu'elle a créés à grands frais ; ses

clients d'hier deviennent ses rivaux. De sorte qu'une double concurrence menace notre production et nos salaires : celle de l'Europe contre la France, et celle du monde contre l'Europe.

Quel est donc le devoir urgent qui nous presse? C'est d'adopter un vaste programme d'action économique, de nous y tenir, et d'y concentrer toutes nos forces. C'est d'arrêter à tout prix, par un énergique effort, l'effrayant déclin de notre commerce à l'extérieur et de notre marine marchande, qui, sur tous les points du globe, arrache à nos consuls des cris d'alarme et des avertissements unanimes. *(Applaudissements.)* C'est de rénover un système d'éducation vieilli, et, au lieu de développer chez la jeunesse le goût des emplois monotones et sédentaires, d'exciter en elle l'initiative et l'énergie individuelles; c'est, au lieu de faire de nos maisons d'enseignement des usines à mandarins, de former des industriels, des commerçants, des colons; puis, c'est de les instruire à s'associer, à se liguer, comme le font leurs concurrents d'outre-Rhin, et à lutter, non plus entre eux, mais contre l'étranger. *(Applaudissements.)* C'est de mettre en valeur notre immense empire colonial, où des centaines de millions d'hectares de terres sont encore en friche, et de faire cesser au plus tôt ce paradoxe incroyable, d'une grande puissance coloniale, qui n'a pas d'armée coloniale ! *(Applaudissements.)* C'est de mieux utiliser notre admirable système d'artères fluviales, de rivières, de développer nos canaux, afin d'établir un vaste réseau d'échange et de richesse entre le cœur de la France et son littoral et, par là, avec l'univers, et de conserver ainsi à notre pays le grand rôle que lui assigne sa position géographique, celui d'intermédiaire entre les peuples. *(Applaudissements.)*

Et comment ne pas voir que, si Anvers devient une succursale de Hambourg, que si Gênes menace la prépondérance de Marseille, ce n'est pas seulement parce que nos rivaux ont eu ce qui nous a manqué, une politique économique, mais c'est aussi parce que, malheureusement, dans l'exécution de notre grand plan de travaux publics, au lieu de concentrer nos ressources sur quelques points bien choisis, nous les avons éparpillées sur tous les points du littoral et du territoire, et parce que, là encore, l'intérêt national a été trop souvent sacrifié aux intérêts particuliers et électoraux. *(Bravos et applaudissements prolongés.)*

Et aussi, est-ce que nous ne contribuons pas à

nous affaiblir de nos propres mains, à nous mettre nous-mêmes hors de combat, par une législation maritime surannée qui accable la marine marchande, par des tarifs de transports trop élevés, par les impôts trop lourds qui écrasent l'agriculture, par les formalités compliquées et coûteuses qui entravent la transmission de la terre, par ce réseau d'octrois, de barrières intérieures qui enchérissent partout la vie, pendant que nos voisins les suppriment ? *(Applaudissements.)*

LA QUESTION SOCIALE.

Messieurs, cette unité de vues, cet esprit de suite dans les desseins, n'est pas moins indispensable au règlement de la question sociale.

Les socialistes ont représenté votre Association comme un foyer de résistance patronale. Si je l'avais cru, je ne serais pas ici. Non : c'est un de vos amis, un des nôtres, un de ceux qui ont eu l'honneur de parler devant vous, M. Waldeck-Rousseau, qui, par la loi des syndicats professionnels, a donné aux travailleurs l'arme de leur émancipation future. *(Applaudissements.)* Et c'est lui qui, avec nous, demande aujourd'hui, non à la restreindre, mais à l'élargir. Oui, nous voulons donner aux associations professionnelles une capacité industrielle et commerciale, afin qu'elles puissent devenir les cellules de l'organisation nouvelle du travail, d'où sortiront peu à peu, d'où sortent déjà le crédit, la prévoyance, les assurances, la conciliation et l'arbitrage, les retraites, tout ce monde nouveau, meilleur, plus juste, où le contrat de travail, au lieu d'être, comme cela arrive encore trop souvent aujourd'hui, un joug imposé, sera une convention véritablement synallagmatique. *(Applaudissements.)*

Nous voulons que l'État, au lieu d'entraver ce grand mouvement syndical et coopératif des villes et des campagnes, s'en fasse l'auxiliaire, et, par une application scientifique du principe de la solidarité, aide les travailleurs à monter dans le bien-être, dans la justice et dans la lumière! *(Applaudissements.)*

Et je demande aux financiers expérimentés mes collègues qui m'entourent, si un certain nombre de problèmes économiques et sociaux que je viens d'indiquer ne pourraient pas être résolus, comme chez certains peuples voisins, et comme l'avaient demandé nos amis, par une réforme décentralisatrice des caisses d'épargne, qui, sans amoindrir la sécurité dont jouissent les épargnes populaires, permettrait de les mieux

utiliser dans l'intérêt des populations laborieuses,
et ferait retourner au peuple, par mille canaux
fertilisants, le fruit de son travail? *(Applaudissements.)*

En tout cas, quand la discussion sera rouverte
sur ce point, il me semble que la liberté de la
fortune personnelle des caisses devrait être définitivement acquise, et que cette fortune, qui
dépasse déjà cent millions, et qui est appelée à
s'accroître encore dans des proportions considérables par les nouvelles dispositions légales,
devrait être employée au profit de ceux qui l'ont
constituée. *(Vive approbation.)*

L'ACTION EXTÉRIEURE.

Enfin, à l'extérieur, nous avons à remplir une
tâche noble entre toutes, que l'on peut nommer
notre mission historique. Le xxe siècle verra
se dérouler, par l'effet des vicissitudes naturelles
dans la Maison d'Autriche, un drame décisif,
dont il est aisé de prévoir dès aujourd'hui tout au
moins le prologue et les premiers actes. Le rôle
de la France y est d'avance tracé. Le livre du
Destin est ouvert sous nos yeux. Mais à un tel
rôle les expédients improvisés ne sauraient suffire.
Il faut nous y préparer dès maintenant. Or, le

moyen de nous y préparer, si la France, absorbée
et distraite par de misérables querelles, ne tend
pas tous les ressorts de sa politique vers cet unique
objet ? Le moyen d'y réussir, si nos dissensions
intérieures, l'instabilité et l'affaiblissement inévitables qui en résultent, ôtent à nos hommes
d'État la force nécessaire pour développer la
politique nouvelle contenue en germe dans le
traité d'alliance, et pour tirer d'un tel accord,
par une diplomatie attentive, vigilante et fière,
toutes les conséquences que les deux grandes
nations sont en droit d'en attendre pour leur
propre grandeur et pour le bien de la civilisation
générale ? *(Applaudissements prolongés et répétés.)*

Messieurs, élevons nos âmes au-dessus de tristesses éphémères, et, les yeux fixés sur le drapeau, buvons à l'unité morale de la France et à
l'accomplissement de notre haut idéal patriotique !
*(Triple salve d'applaudissements et acclamations. —
L'orateur reçoit de nombreuses félicitations.)*

LES ÉLECTIONS GÉNÉRALES DE 1898.

DISCOURS PRONONCÉ A LYON

le 1ᵉʳ mai 1898.

Mes chers concitoyens,

Je suis profondément touché de votre accueil et des paroles beaucoup trop bienveillantes que vient de m'adresser notre honoré président. C'est pour moi un grand honneur, dont je remercie cordialement mes amis de la Députation du Rhône, de prendre pour la première fois la parole dans cette glorieuse ville, qui, placée au cœur de la France, semble réunir en elle tout ce que la France a de meilleur : l'amour du travail ; le goût artiste ; l'initiative et l'énergie individuelles, avec la conception la plus éclairée de la solidarité ; l'imagination et la passion tem-

15.

pérées et ennoblies par la raison; la hardiesse
des innovations généreuses avec l'intelligence des
nécessités de gouvernement; l'esprit pratique
des grandes affaires et le sens de l'idéal. Je
salue avec une émotion respectueuse cette admirable démocratie lyonnaise qui, après avoir montré plus d'ardeur qu'aucune autre pour conquérir
la liberté, montre aujourd'hui plus de sagesse
qu'aucune autre pour la garder et la défendre.

Dans quelques jours, j'en suis sûr, elle donnera
au pays un nouvel exemple de clairvoyance en
assurant la victoire de la République progressiste. Et c'est, en définitive, notre noble cause, la
cause de la République progressiste, qui sortira
triomphante de la consultation populaire.

LA SITUATION NOUVELLE DES PARTIS.
LA CRISE DU RADICALISME.

En effet, messieurs, depuis une dizaine d'années,
nous avons vu se produire dans notre politique
intérieure deux phénomènes frappants, qui tiennent l'un à l'autre, qui résultent l'un de l'autre:
le déclin des anciens partis et le déclin des idées
radicales.

La décadence des anciens partis a eu pour

conséquence directe l'affaiblissement du radicalisme, voici pourquoi :

Lorsque, il y a dix ans, de 1885 à 1889 encore, par exemple, deux cents députés monarchistes représentaient 3 500 000 électeurs, c'est-à-dire près de la moitié du pays, comme ces deux cents monarchistes étaient naturellement exclus de la direction des affaires, le parti radical jouait un rôle très supérieur à son importance numérique ; il jouissait d'un privilège qu'aucun parti, chez aucun peuple, en aucun temps, n'avait jamais connu : minorité opposante, il participait au gouvernement, et cumulait les faciles avantages de l'indépendance et de la critique avec les bénéfices du pouvoir. Chaque fois qu'il venait de renverser un ministère avec l'appui de la Droite, ceux-là mêmes qu'il n'avait cessé de combattre faisaient appel à son concours pour en former un nouveau, et trois ou quatre de ses membres entraient dans le gouvernement, non pour y appliquer leur programme, qu'ils abandonnaient une fois parvenus au pouvoir, mais pour y faire les affaires de l'opposition.

Cette situation anormale, paradoxale, qui tenait à la présence d'une formidable opposition dynastique, devait naturellement se modifier à mesure

que le suffrage universel éliminait du Parlement
les hommes des anciens partis, et à mesure que
les générations nouvelles, libres de tout lien avec
le passé, surgissaient à la vie électorale et parlementaire. Le terrain que les anciens partis per-
daient d'un côté et que nous gagnions sur eux,
le radicalisme le perdait de l'autre : de sorte
qu'on peut dire que, depuis dix ans, sa force a
été en raison inverse des progrès de la République.

Qu'il souffre impatiemment cette diminution
d'influence; que, pris entre le mouvement
continu qui entraîne les masses électorales vers
la République, et d'autre part la poussée du
socialisme, qui lui enlève une grande partie de
sa clientèle, il trouve fort mauvaise cette révolution pacifique; qu'il essaye de se faire passer
pour le parti des réformes et du progrès et de
nous faire passer, nous, pour un parti de résistance et de réaction (tout en invoquant, d'ailleurs, par une contradiction criante, « l'union des
républicains », afin de faire revivre le système qui
lui a tant profité); qu'enfin, s'efforçant d'iden-
tifier son sort avec celui de la République, il la
proclame en danger, tout cela n'a rien qui nous
puisse surprendre, tout cela aussi était prévu;

mais l'exagération de la polémique saute aux yeux.

Ainsi, on voudrait assimiler la période électorale actuelle à celle du 16 Mai : or, entre les deux époques il y a cette simple différence, qu'en 1877 un ministère pris dans la minorité monarchique gouvernait contre la Chambre et devait la dissoudre, tandis qu'aujourd'hui un ministère dure depuis deux ans, appuyé sur des majorités toujours croissantes.

On nous parle de 1850 : or, en 1850, le suffrage universel né de la veille, effrayé par l'explosion du socialisme, se détachait brusquement de la République improvisée pour aller à l'Empire; tandis qu'au contraire, depuis un quart de siècle il ne cesse de se détacher de la monarchie pour venir à la République.

On nous dit que « le vieil esprit républicain » se perd. « Le vieil esprit républicain? » Lequel? Celui de Vergniaud, ou celui de Robespierre ? Celui de Lamartine ou celui de Louis Blanc ? Celui de Gambetta ou celui de M. Clémenceau? Celui du Gambetta de 1869, ou celui du Gambetta de 1877, ou celui du Gambetta de 1882? Il ne faudrait pas confondre l'esprit républicain avec l'esprit radical, ce qui n'est pas du tout la même chose; et l'intensité du sentiment démocratique,

l'attachement aux lois et aux idées républicaines
ne se mesurent pas à l'admiration qu'on professe
pour un catéchisme, très vieux en effet, que personne n'a jamais pu appliquer.

Enfin, on confond sous le nom de *ralliés* des
éléments politiques très différents : il faut distinguer avec soin, sous peine de tomber en de
grossières méprises, certains hommes politiques,
soit inféodés à la cause de l'Église, soit qui, après
avoir toute leur vie combattu la République, en
acceptent aujourd'hui la forme par résignation ou
par intérêt, il faut distinguer, dis-je, ces hommes
publics, ces élus, ces *ralliés* du Parlement, d'avec
les masses énormes d'électeurs qui ne cessent de
venir à la République, et que tous nos guides
les plus illustres, les Thiers, les Gambetta, les
Carnot, — pour ne parler que des morts — se
sont toujours efforcés patriotiquement de rallier
à notre cause. Et ce n'est pas tout encore : avec
ces ralliés du Parlement et avec ces ralliés du pays,
— déjà si différents les uns des autres, — il ne
faut pas confondre ces millions d'hommes nouveaux, qui naissent chaque jour à la vie publique, et qui, eux, ne sont point du tout des
ralliés, puisqu'ils n'ont jamais connu ni servi
d'autre régime ni d'autres lois.

Le grand fait, qu'on ne veut pas voir ou qu'on dénature, le fait capital, qui change peu à peu l'échiquier des partis et l'axe de la politique française, est celui-ci : de plus en plus, dans un grand nombre de régions de la France, les fils des hommes qui, il y a vingt ans, votaient pour des candidats monarchistes votent pour des candidats républicains, et le mouvement ira toujours s'accélérant.

Si, dans un grand nombre de circonscriptions, les candidats républicains se trouvent encore face à face avec des candidats réactionnaires, dans beaucoup d'autres, qui jadis étaient divisés en deux camps bien distincts, l'armée républicaine et l'armée monarchique, nous voyons aujourd'hui en présence un candidat radical ou socialiste et un candidat républicain authentique, et, naturellement, celui-là accuse celui-ci de « pactiser avec la réaction ».

On ne pouvait pas espérer pourtant que la formation politique de 1876, de 1877, durerait éternellement, que la République resterait stationnaire, que les fils demeureraient, comme les pères, cantonnés dans une résistance systématique aux lois de la République et dans une sorte d'émigration à l'intérieur; et, si on ne pouvait pas l'espé-

rer, on devait prévoir le changement profond,
inévitable, qui s'accomplit chaque jour, par la
logique des choses, dans la politique française.

Telle est, messieurs, sur beaucoup de points,
la situation nouvelle des partis. Voyons maintenant leurs programmes.

LES PROGRAMMES. — LE PROGRAMME RADICAL.

Dans son récent et très remarquable article de
la *Revue de Paris*, mon éminent ami M. Poincarré a dit : « Les radicaux paraissent n'avoir
aucune doctrine. »

En effet, messieurs, ni l'invincible fidélité à
l'œuvre et à l'esprit de la Révolution ; ni l'énergique défense de l'indépendance de la société
civile et de la suprématie de l'État à l'égard de
l'Église ; ni la mise en œuvre, de plus en plus
active et savante, du principe de la solidarité par
le développement de l'association, de la coopération, de la mutualité, et par la collaboration
judicieuse du législateur avec les citoyens et les
groupes en vue du bien-être, de la dignité, de la
moralité de la personne humaine : aucune de ces
idées n'est le monopole de telle ou telle École
républicaine ; elles sont le patrimoine commun
de tous les républicains. Et je ne sache pas que

le ministère radical ait proposé la suppression,
ni même la réduction d'un seul crédit ecclésias-
tique. Et je ne sache pas non plus que quand, en
1892, le pape Léon XIII a lancé son Encyclique
et ses Lettres pour recommander aux catholiques
français d'obéir aux lois du pays, l'honorable
M. Léon Bourgeois ait interpellé M. Louis Ricard,
alors ministre des Cultes, pour opposer à l'acte
de la papauté les protestations véhémentes qu'il
a fait entendre — un peu tard, — depuis l'avènement du ministère actuel. Il y a à cela, du reste,
une excellente raison : c'est qu'à cette époque,
M. Bourgeois lui aussi, était ministre !

Par quoi donc les radicaux se distinguaient-
ils des autres républicains ? Par deux choses :
l'impôt global sur le revenu déclaré et la revision
de la Constitution.

Je dis: « se distinguaient » ; car cela même
n'est plus vrai, depuis la réponse que l'honorable
M. Léon Bourgeois a bien voulu me faire récemm-
ment à Belfort. Dans ce discours, M. Bourgeois
a dit formellement que, pour établir la taxe qui
doit, dans notre pensée à tous, remplacer les
150 millions de la contribution personnelle-mobilière et de la contribution des portes et fenêtres,
il ne tenait pas autrement au système allemand,

c'est-à-dire à la déclaration des revenus totalisés, qu'il accepterait volontiers le système des présomptions légales, des signes extérieurs, c'est-à-dire le système de la Révolution, celui que nous avons toujours défendu ; et que, dès lors, il ne voyait plus ce qui pouvait bien nous diviser.

Messieurs, j'ai beau compter déjà douze ans de vie parlementaire, ce langage m'a, je l'avoue, stupéfait ! Comment ! nous avons encore devant les yeux, nous avons encore dans les oreilles, non seulement le projet Doumer et l'exposé des motifs du projet, dans lequel ce ministre nous proposait pour modèle la loi prussienne de 1891, non seulement ses déclarations réitérées à la commission du budget, qui lui demandait s'il ne pourrait pas apporter un autre projet, et à laquelle il faisait cette réponse, inscrite aux procès-verbaux de la commission : « Non ; le gouvernement ne consent pas à apporter un autre projet : car son projet est *le seul* qui permette la progression, les dégrèvements à la base et la suppression des contributions personnelle-mobilière et des portes et fenêtres ; la déclaration et la taxation sont les conséquences fatales d'un impôt sur le revenu » ; — je laisse tout cela de côté, puisqu'aussi bien, paraît-il, il y a eu maldonne, et que personne, absolument personne, ne veut plus entendre parler de ce malencontreux projet, qui avait été pourtant la grande pensée du règne ! — mais nous ne pouvons oublier que, même avant cette époque c'était précisément là-dessus, sur cette question de la déclaration du revenu global, que s'étaient rompus à plusieurs reprises les pourparlers engagés par M. Léon Bourgeois avec nos amis pour la formation de Cabinets de concentration (M. Cochery le lui a rappelé à la tribune, et il n'y a point contredit); nous avons toujours présente à l'esprit cette mémorable séance du 25 mars 1896, où le Cabinet radical, se sentant battu, et lâchant ce projet Doumer, auquel il avait tenu si fort jusque-là, pour se réfugier dans l'équivoque d'un soi-disant principe, MM. Méline, Krantz et Chaudey proposèrent d'ajouter à la formule vague : « impôt général sur le revenu », ces mots : « ne comportant ni déclaration globale, ni taxation sans base légale », et M. Bourgeois se leva pour s'opposer à cette adjonction; nous nous souvenons que, nos honorables collègues MM. Guillemet et Bozérian ayant proposé un ordre du jour favorable à l'établissement d'un impôt sur les revenus sans déclaration ni taxation, tous les radicaux et tous les socialistes votèrent contre, tandis que nous tous, nous votions pour; nous nous rappelons enfin que, même depuis la chute du Cabinet radical, M. Doumer revint encore à la charge, et dit en propres termes : « L'impôt sur le revenu d'après les signes extérieurs est un système que nous avons toujours combattu... » Voilà cinq ans qu'on nous tient ce langage; voilà cinq ans qu'on nous résiste; voilà cinq ans qu'on nous traite de réactionnaires; voilà cinq ans qu'avec cette malheureuse question on agite le pays et l'on divise le parti républicain; et aujourd'hui, au dernier moment, à la veille du scrutin, quand l'électeur est proche, on se retourne, et l'on nous dit : « Vous ne voulez pas de l'impôt global ? Vous ne voulez pas de la déclaration ? Vous voulez atteindre les diverses natures de revenus séparément, d'après les signes extérieurs? Eh bien, mais! qu'à cela ne tienne! C'est un détail ! Qu'est-ce donc qui nous divise ? Nous voilà d'accord ! » Et, pour comble d'ironie on ajoute, par-dessus le marché, que c'est nous qui mettons bas les armes, et qui capitulons !

Et tout cela s'appelle « la politique d'idées, de principes », par oppositon à « la politique des intérêts », qui est la nôtre! Ah! laissez-moi rire !

Vous rappelez-vous, messieurs, le dernier acte

de *Don Juan?* Au moment où Don Juan va s'abî-
mer, pris dans la main glacée du spectre, on
aperçoit au fond de la scène une théorie d'Om-
bres en peine : ce sont toutes les maîtresses qu'il
a délaissées, toutes les compagnes qu'il a trahies.
Eh bien, de même dans cette catastrophe intellectuelle d'un parti, on aperçoit toutes les idées
qu'il a successivement abandonnées et qui firent
jadis son succès et sa vogue, toutes ses aventures
de jeunesse, toutes ses anciennes amours : la
suppression de la Présidence de la République et
du Sénat; l'élection des fonctionnaires et des
juges; la suppression du budget des cultes; la
suppression de l'ambassade au Vatican; la suppression des évêchés non concordataires; la suppression des crédits aux écoles d'Orient; la suppression des armées permanentes; la suppression des
fonds secrets; l'autonomie communale; le mandat
impératif; l'abdication de la France en Égypte;
la protestation outrageante contre la Tunisie et
l'Indo-Chine... que sais-je? Mais tout cela n'était
pas encore assez; voici une victime de plus : la
déclaration du revenu global! Paix à sa mé-
moire!... Oh! nous savions bien, — nous n'en
avons jamais douté, — qu'à celle-là aussi vous
finiriez par être infidèles; mais vraiment, la

rapidité de vos caprices passe notre espérance !
Donc, il ne reste plus aux radicaux, pour se distinguer, que l'idée qui consiste à transformer le
Sénat d'assemblée de contrôle en assemblée purement consultative, à réduire ses attributions à
un simple droit de remontrance, et par conséquent à rendre la Chambre des députés quasi
omnipotente, apparemment parce que, comme
chacun sait, elle est infaillible ! C'est ce qu'on
appelle « rétablir l'harmonie entre les pouvoirs
publics. » Moyen commode, en effet, de rétablir
l'harmonie entre deux pouvoirs, que d'en supprimer un ! C'est comme si, pour empêcher le frotte-
ment entre la roue et le frein, on ôtait le frein :
on éviterait le conflit, mais on ferait la culbute !

Non ; ce n'est pas à l'heure où la France paye
quatre milliards d'impôts, et où la Chambre qui
vient de finir a voté, à elle seule, 110 millions de
dépenses nouvelles, dont 80 millions pendant les
quinze derniers jours, ce n'est pas dans un pareil
moment que nous pouvons songer à abattre la
seule digue capable d'arrêter un peu ce flot mon-
tant des dépenses. Et il n'est pas besoin, pour
régler les différends budgétaires entre les deux
Chambres, de recourir à la revision : il suffit
d'instituer des conférences mixtes, comme aux

Etats-Unis. Quiconque veut une politique d'économies, — condition première des réformes fiscales et des réformes sociales, — doit repousser
la revision proposée par les radicaux. D'ailleurs,
eux-mêmes l'ont fait écarter quand ils étaient au
pouvoir, quand ils avaient en main l'instrument
nécessaire pour l'accomplir : car ils ont eu cette
étrange fortune, d'abandonner comme députés
l'impôt qu'ils proposaient comme ministres et
d'écarter comme ministres la revision qu'ils
demandent comme députés ! Ils en veulent au
Sénat parce que le Sénat leur a tenu tête ; mais,
en abandonnant aujourd'hui la déclaration du
revenu global, est-ce qu'ils ne démontrent pas
eux-mêmes à quel point cette Assemblée a eu
raison de leur résister ? Pour nous, nous nous en
tenons aujourd'hui aux paroles que M. Bourgeois
a prononcées jadis : « Les lois ne sont rien sans
les mœurs, et toutes les revisions des Constitutions politiques seront vaines, tant que la revision intellectuelle et morale de chacun de nous
ne sera pas accomplie. »

PROGRAMME PROGRESSISTE.

Pour essayer de faire illusion sur le vide de ce
programme, on nous accuse de n'avoir qu'une

politique négative, et de borner notre action à la lutte contre le collectivisme.

Une politique négative, dites-vous?

Ce n'est pas, à coup sûr, dans l'ordre fiscal, où vous venez de vous rallier *in extremis* à la doctrine que nous avons toujours soutenue, et où vous vous mettez enfin d'accord avec nous pour remplacer la contribution personnelle-mobilière et les portes et fenêtres par un impôt sur le revenu à la française, d'après les signes extérieurs ; où nous voulons améliorer l'impôt foncier, achever la réforme de la déduction des dettes dans les successions, alléger les droits de mutation sur les petites ventes, dégrever les petits patentés, faire aboutir la réforme des boissons et poursuivre graduellement la suppression des octrois : car chacune des parties de notre système fiscal a besoin d'être refondue et mise au point de la civilisation et de la science.

Ce n'est pas non plus dans l'ordre budgétaire, où nous demandons à voter le budget pendant la grande session, et à ne point revenir inutilement chaque année sur les chapitres non contestés; où nous voudrions non seulement maintenir le contrôle du Sénat, mais aussi limiter l'initiative individuelle des membres du Parlement en matière d'augmentation de crédits, comme le proposait Gambetta et comme l'a fait l'Angleterre, qui, grâce à ce grand acte de sagesse, a restauré ses finances et paye un milliard de moins que nous; car c'est vraiment un paradoxe insoutenable, que de faire peser sur le gouvernement la responsabilité des impôts en laissant aux députés le droit d'augmenter indéfiniment les dépenses; et, comme l'a dit M. Gladstone, « la confusion des pouvoirs exécutif et législatif est funeste surtout en matière financière, et rien ne serait plus dangereux que d'attribuer à des autorités différentes le soin de déterminer les dépenses et celui de découvrir et de proposer les moyens d'y pourvoir. »

Une politique négative, dites-vous? Ce n'est pas non plus dans l'ordre administratif, où nous désirons poursuivre l'œuvre si bien commencée par la loi sur les Universités, ranimer la vie locale, alléger la lourde machine de l'an VIII, et où je ne verrais aucun inconvénient, pour ma part (je vais peut-être scandaliser quelques-uns de mes amis, mais je parle sur ce point en mon nom personnel), à mettre à l'étude le *referendum* municipal pour certaines affaires : car il ne faut pas confondre le *referendum*, qui porte sur un fait ou sur une idée, avec le plébiscite, qui porte sur un nom d'homme ou sur une formule; et peut-être que, par une conséquence assez inattendue, la pratique du *referendum* municipal, en accoutumant le peuple à juger directement certaines questions, lui ferait perdre l'habitude d'incarner ses idées dans un homme !

Ce n'est pas davantage dans l'ordre de la justice, où nous réclamons, pour la nomination et l'avancement des magistrats, soumis aujourd'hui comme sous le Premier Consul à l'arbitraire du pouvoir, les garanties libérales dont jouissent depuis longtemps les monarchies constitution-nelles qui nous entourent; où nous voulons étendre la compétence des juges de paix, abréger les lenteurs et réduire les frais, poursuivre la réforme de notre code de procédure civile, de notre code pénal et de notre code d'instruction criminelle.

Ce n'est pas non plus dans l'ordre agricole, où nous voulons affranchir la terre, dévorée par le fisc et les hommes de loi, des entraves qui pèsent sur elle, reviser la législation sur les licitations et les partages, refondre notre système hypothé-caire, assurer au fermier sortant le rembourse-ment de la plus-value donnée au fonds loué, développer le crédit et les caisses d'assurances, délivrer nos campagnes du fléau croissant de la mendicité et du vagabondage, réprimer l'agiotage et la spéculation malhonnête, et favoriser par tous les moyens l'essor de ce grand mouvement syndical, auquel votre région du Sud-Ouest a pris une part prépondérante.

Ce n'est pas dans l'ordre industriel et commercial, où nous voulons créer un enseignement mieux approprié aux besoins des temps nouveaux, réformer la législation surannée qui accable la marine marchande, utiliser d'une façon plus rationnelle notre incomparable système de fleuves et de rivières, développer nos canaux, diminuer les prix de transport dans la mesure compatible avec l'intérêt des finances publiques, mettre en valeur notre immense empire colonial, éveiller chez nos industriels et nos commerçants cet esprit d'association qui contribue si puissamment à la formidable expansion économique de l'Allemagne. — Et, si c'est là ce qu'on appelle « la politique des intérêts », eh bien, nous en sommes !

Ce n'est pas dans l'ordre militaire, alors que nous devons organiser l'armée coloniale, au sujet de laquelle notre ami Fleury-Ravarin écrivait naguère une si belle étude, et alors que nous avons à poursuivre dans l'Administration de la rue Royale les nombreuses et importantes réformes que nous avons étudiées pendant plusieurs années à la Commission extra-parlementaire de la marine.

Serait-ce dans l'ordre des questions sociales, des questions ouvrières ? Demandez-le aux hommes éminents qui m'entourent, à vos sénateurs et à vos députés, qui ont eu une si large part à la création de ces œuvres admirables par lesquelles Lyon s'est placé à la tête du mouvement démocratique dans le monde; demandez-le à M. Aynard, le savant rapporteur de la réforme des Caisses d'épargne ; demandez-le à notre ami M. Audiffred, ce dévoué et fervent démocrate, rapporteur de la loi sur les Sociétés de secours mutuels et de la loi sur les retraites ouvrières; demandez-le à l'éloquent sénateur de la Loire, à l'auteur de la loi des syndicats professionnels, à M. Waldeck-Rousseau, qui veut compléter et couronner son œuvre historique en donnant aux associations professionnelles, par la capacité industrielle et commerciale, encore plus de force et de vie !

Oui, nous combattons le socialisme, parce que

cette doctrine étant par essence la guerre des classes, la transformation du droit de propriété en simple droit d'usufruit, et la suppression de tout contrat, de tout échange, de la vente comme du loyer et du fermage, une telle doctrine est un mirage trompeur et prépare les plus cruelles déceptions à ceux qui s'y laissent prendre; mais, en même temps, nous ne cessons d'étudier les maux, les souffrances, les injustices de notre état social et les moyens de les vaincre; et peu à peu, par une législation de plus en plus humaine, et par le maniement toujours plus exercé du principe d'association, les rapports du travail et du capital iront se modifiant; le contrat de travail sera toujours librement délibéré par la raison des parties; le salaire ira se transformant, s'élevant, et, en quelque sorte, se spiritualisant. Et je crois, moi, que le jour où des capitalistes éclairés s'aviseront d'unir leurs efforts aux sociétés coopératives de production, par exemple, non seulement par philanthropie, mais aussi par intérêt bien entendu, le jour où le principe de la société anonyme (dont il faudra, d'ailleurs, reviser également la législation) se combinera avec le principe coopératif, ce jour-là, des horizons nouveaux s'ouvriront devant ce noble peuple affamé de justice, et, en bien des cas, le salariat commencera à disparaître pour faire place à une forme de rémunération plus haute.

Enfin, en ce qui regarde l'organisation du suffrage universel, si l'on réfléchit que les assemblées qui siègent au Palais-Bourbon ne représentent même pas la moitié du corps électoral, qu'elles sont les élues d'une minorité, et que, par conséquent, tout notre édifice politique porte à faux, comment croire que la France puisse reculer indéfiniment devant le double problème que dix peuples différents de race, de langue, de mœurs, de traditions, d'institutions, ont facilement résolu et qui est, n'en doutez pas, la loi de l'avenir : le vote obligatoire et la représentation proportionnelle ?

Eh bien, mes chers concitoyens, vous semble-t-il que ce soit là une politique négative ? N'y a-t-il pas là, dans tous les ordres de l'activité nationale, un champ de progrès et de réformes en quelque sorte illimité, un plan d'action digne d'attirer les intelligences les plus hardies et les âmes les plus généreuses ? Et ne peut-on être un « bon républicain », un vrai démocrate, si l'on ne souscrit pas à une politique de surenchère, invariablement suivie de révoltantes palinodies ?

Mais la clef de tous ces progrès, c'est la réforme parlementaire ; et, par là, je n'entends pas seulement la revision du règlement de la Chambre, sur laquelle nous nous sommes souvent expliqués.

Le mal dont souffre la France, c'est la confusion des pouvoirs, c'est l'absorption de tous les pouvoirs par une Chambre qui, refusant de s'imposer à elle-même aucune discipline, ne supporte rien à côté d'elle et prétend mettre la main sur tout.

C'est là, à nos yeux, une fausse conception de la souveraineté nationale et une fausse conception du mandat législatif. S'imaginer que le mandat législatif confère la toute-puissance est une idée attentatoire à la souveraineté du peuple. L'intérêt électoral est une chose et l'intérêt national en est une autre, et il peut arriver que le premier soit en désaccord avec le second. Pour se gouverner elle-même, la nation doit exercer sa souveraineté au moyen d'organes distincts, pourvus d'attributions spéciales et déterminées. Le jour où, dans un État, il y a un pouvoir sans limites, homme ou Chambre, le peuple est en tutelle. Despotisme césarien ou despotisme jacobin, nous les repoussons l'un et l'autre, au nom du même principe, au nom de la souveraineté du peuple, qui ne veut être confisquée par personne, ni par un homme ni par une assemblée.

On nous a accusés de vouloir « le moins de Parlement possible. » Non ! nous voulons le plus d'ordre, d'économie et de travail possible dans le Parlement. Nous demandons que la Constitution soit appliquée, et nous croyons qu'un tel changement ouvrirait à la République une ère nouvelle, tant ce réveil des lois sous l'action des volontés et des caractères modifierait l'aspect de la politique et remettrait chaque chose en sa place.

Nous déplorons que les institutions libres portent la peine de désordres et d'abus qui ne sont point de leur fait, et qui sont au contraire le résultat de continuelles infractions aux bonnes règles parlementaires et aux lois constitutionnelles. Nous voulons enfin forger un puissant instrument de progrès et de réformes, et contribuer à assurer à la République un gouvernement, dans la plus haute et la plus noble acception du terme, afin d'organiser la démocratie, de rénover la France et de réparer ses malheurs.

Mes chers concitoyens, en levant mon verre
pour boire à votre illustre cité et au département
du Rhône, je bois à la victoire de la République
progressiste !

FIN

TABLE

—

PRÉFACE.   1

LA CONSTITUTION (août 1889).   1

LA « CONCENTRATION ». — *Discours prononcé à la Chambre
des députés le 16 février 1893* 43

PROGRAMME RÉPUBLICAIN PROGRESSISTE ET PRO-
GRAMME RADICAL-SOCIALISTE. — *Discours prononcé
à la Chambre des députés le 23 novembre 1893* 61

LA REVISION DE LA CONSTITUTION. — *Discours prononcé
à la Chambre des députés le 12 mars 1894* 93

LE MINISTÈRE RADICAL (avant). — *Discours prononcé à la
Chambre des députés le 18 novembre 1895.* 136

LE MINISTÈRE RADICAL (après). — *Discours prononcé à la
Chambre des députés le 30 avril 1896.* 146

LA POLITIQUE RÉPUBLICAINE. — *Discours prononcé à
Marseille le 26 octobre 1896.* 172

LE MODE D'ÉLECTION DES SÉNATEURS. — *Discours prononcé à la Chambre des députés le 17 novembre 1896.* 208

LA RÉPUBLIQUE NOUVELLE. — *Discours prononcé à Nogent-le-Rotrou le 14 mars 1897* 220

POLITIQUE RADICALE ET POLITIQUE NATIONALE. — *Discours prononcé à Paris, au Grand Hôtel, le 2 mars 1898.* 238

LES ÉLECTIONS GÉNÉRALES DE 1898. — *Discours prononcé à Lyon le 1er mai 1898* 261

IMPRIMERIE CHAIX, RUE BERGÈRE, 20, PARIS. — 12644-6 98. — (Encre Lorilleux).

ŒUVRES DE M. ÉMILE DESCHANEL

9 782013 441384